보통 씨의 특권

이진우 시집

시인동네 시인선　020　　　　　　　　이진우 시집

보통 씨의 특권

시인동네

시인의 말

처음 만난 두 사람이 마주서서 손을 모읍니다.
"나마스테, 당신 안에 있는 신에게 감사합니다."
두 사람 안에 사는 신이
두 사람에게 한 목소리로 인사합니다.
"당신이 나이고, 생명이고, 희망입니다."

당신이 나, 내가 당신.
우리는 하나가 낳은 하나.
"나마스테, 내 안에 있는 당신에게 감사합니다."

행성 E2015에서
이진우

보통 씨의 특권

시인의 말

차례

제1부 나는 개에게 줄을 세우지 않았으나

행성 E2015 · 13
그 밤 · 14
저 왔어요 · 16
오줌 모으는 남자 · 17
우주적인 당신 · 18
에피큐로스 행복론 · 20
소크라테스의 충고 · 23
화성인 철학자 · 26
보통 씨의 특권 · 28
근심은 힘이 세다 · 30
황홀한 도시 · 32
그녀는 큰 입을 가졌다 · 35
공평하지 않은 운명은 운명이 아니다 · 38
제발 나를 죽여다오 · 40
말만 사는 도시 · 42
나는 개에게 줄을 세우지 않았으나 · 44

바보들의 나라 · 46

빚 공화국 · 48

바다에서 외치다 · 50

제 몸을 먹는 뱀처럼 · 53

모두의 철학 · 56

행복한 오늘 · 58

중용의 온도 · 60

소크라테스의 영혼 · 62

시인은 시인이다 · 64

노자의 시창작 강의 · 66

구석기 씨의 자유 · 68

다행이다 · 70

이스파한의 아침 · 72

겨울 인도 · 74

나도 없고, 너도 없고 · 77

도덕경 · 78

제2부 세상을 향해 싸노라

아주 작고 푸른 구슬 · 81

별처럼 빛나는 인생 · 82

강아지꽃 · 84

봉숭아 카페 · 85

책나비 · 86

능소화 만진 손으로 눈 비비지 말랬지 · 88

씨 뿌리는 사람 · 89

꽃 텔레비전 · 90

닭나무 · 92

수족관 친구 · 94

다 왔다 · 96

슬픔의 바다에서 · 98

세상을 향해 싸노라 · 99

마음을 굶기다 · 100

생각의 목걸이 · 102

히키코모리 · 104

가시 · 106

부자 유령 · 107

하루하루 · 108

양심론 · 110

남의 가난은 나의 것 · 112

그림자를 보라 · 114

숨을 거둘 때까지 내일인 오늘 · 116

시간의 나이 · 118

홀로 사는 집 · 120

아직도 팔팔 · 122

생활의 맛 · 124

사냥하는 요리사 · 126

떡잎에게 · 128

아내는 다람쥐 · 131

내가 아는 나는 누구인가 · 134

그까짓 인생 · 136

해설 누가 혁명을 소비하는가
    박정대(시인) · 137

제1부 나는 개에게 줄을 세우지 않았으나

행성 E2015

이른 아침에 원시의 밥을 먹고
포스트모던하게 핸드폰을 들고
중세의 회사에 나가
근대적 논리로 일하다가
현대의 술집에서 한 잔 하고
본능의 잠을 자는 나날들
돌아보면 그저 그렇고 그런 습관들이
만들어내는 안정된 생활이
대사와 동작을 반복하는 코미디처럼 느껴질 때
한번쯤 돌아볼 일이다
월급명세서 위에서 2차원 활자로 살아가는 자신이
11차원 우주를 뛰어넘나드는 자연스런 시간과
상상 너머 공간 어디쯤 있어야 하는지
안정에 목숨 걸고 변화에 인색한 생명이
어느 행성에서 번성하는지
혹은 멸망하였는지

그 밤

별이 딱 하나만 보이는 골목이었나요
막다른 골목이었나요
갈라진 기와 틈으로
달맞이꽃잎 지고 있었나요
꽃잎이 줄기를 밀며 떨어질 때
마음에 노란 멍이 들었다고 했던가요
멍이 별 모양 문신으로 새겨졌다고 했던가요
문신이 사랑스럽다고 했던가요
사랑에 취해 춤을 췄다고 했던가요
춤이 어지럽다고 했던가요
어지러워도 행복하다고 했던가요
행복이 낯설다고 했던가요
낯설어서 두렵다고 했던가요
두려움에 떨린다고 했던가요
떨지 않게 꼭 안아달라고 했던가요
꼭 안고서 어둠이 되자고 했던가요
어둠으로 밤이 되자고 했던가요
밤이 되어 별을 밝히자고 했던가요

별이 보이지 않는 골목

달맞이꽃 진 자리

멍 든 마음에

아무도 모르는

어둠이 되고

밤이 되어도

좋은 밤이긴 했어요

저 왔어요

137억 년 동안 왔어요,
빛처럼 왔어요,
당신을 만나러 왔어요,
당신이 별인 걸 알려주러 왔어요,
별의 씨앗을 품고 왔어요,

저 왔어요,
제가 왔어요.

까맣게 잊어 미안해요,
당신이 왔다고 해서 눈을 떴어요,
까닭 없이 설레며 기다리던 당신,
한 우주가 사라지는 날,
함께 빛이 될 당신.

잘 왔어요,
정말 잘 왔어요.

오줌 모으는 남자

오줌이 마려울 때
남자는 집으로 달려간다
요강 앞에 수도자처럼 무릎을 꿇는 남자
사나운 오줌발이 오히려 반갑다

요강이 차면 커다란 오줌통에 오줌을 붓는다
한 방울이라도 흘리지 않으려 조심조심
오줌을 아끼듯 시간을, 돈을 아꼈더라면
벌써 부자가 되었을 남자

한 달에 한 번
남자는 오줌통에서 삭힌 오줌을 퍼서
조그만 푸성귀밭에 졸졸 뿌린다

푸성귀 그득한 밥상에 앉을 때면
남자는 오줌부터 마렵다

우주적인 당신

어느 날 문득 당신 몸을 원자보다 작은 단위에서 보게 된 후로, 당신의 존재와 부재를 의심하게 됐어요. 당신 몸에서 밤하늘 별처럼 흩어져 있는 원자핵만 모으면 당신은 쌀 한 톨만큼 작아져요. 그 나머지 당신은 텅 비어 있죠. 그러니까 당신은 무엇이 아니라 아무것도 아닌 것에 가까운 거지요. 존재보다 부재에 가까운 당신을 이루는 원소를 모아봤자 고작 몇 푼밖에 안 되죠. 당신을 물질로 볼까요, 가치로 볼까요, 의미로 볼까요.

당신을 물질이나 가치로 따지지 않을래요. 내가 당신을 보기 전까지 당신은 스치는 세상의 풍경이었을 뿐이죠. 어쩌면 공기처럼 흩어져 있거나 다른 우주에 있었는지 몰라요. 나도 마찬가지였겠죠. 내가 이렇게 당신을 생각하며 시를 쓰고 있는 이유는 당신이 나를 잊지 않고 있기 때문일까요? 지금 여기 내가 보이는 이유가 다른 사람 때문이 아니라 당신이 나를 보고 있기 때문이라면 정말 좋겠어요.

우리는 텅 비어 있으니 무엇이든 될 수 있고 어디든 갈 수 있어요. 그러니 당신이 여러 모습으로 여러 우주에 흩어져 살아서

나도 여러 형태로 여러 우주에 흩어져 살고 있지 않나 싶기도 해요. 다른 우주에서 당신은 어머니이고, 아내이고, 딸일지 모르죠. 꽃이고 강아지여도 좋겠고 작은 집이고 낮은 베개여도 좋겠어요, 내가 당신을 보지만 않고 늘 만질 수만 있다면 당신의 모습은 아무래도 좋아요.

에피쿠로스 행복론

삶 뒤의 죽음을 알 수 없으니
모르는 죽음을 두려워 말아요
모르기는 삶도 마찬가지
삶을 두려워 말아요
어차피 삶은 공평하게 한 번뿐
행복하세요
행복만 하기에도 삶은 짧아요

큰 집이 행복을 줄 거 같죠
혼자인 집은 커질수록 외로움도 더해요
안정된 직장이 행복을 주나요
안정감이 커질수록 자유는 줄어요
큰 집, 안정된 직장을 가져야 따르는 사람은
당신이 아니라 당신의 돈과 지위를 좋아할 뿐이죠

좋아하는 사람과 자유와 생각을 남의 손에 맡긴 채
행복하다는 말은 새빨간 거짓말이죠
돈은 먹고 살 만큼만 있으면 돼요

그만큼의 자유는 지불해야겠지만
나머지 자유는 꼭 움켜진 채
곁에 있는 사람과
가까이 있는 행복과
보이지 않는 불행에 대해
늘 생각해요
그래야 흔들리지 않아요

생각하다 막히면
자유를 느끼고
자유가 지겨우면
옆 사람 손을 잡아요
그래도 행복하지 않으면
행복을 잠시 잊고
불행해 보세요
남이 말하는 행복,
남들의 행복을 가지지 못하는 고통은
어차피 내 것이 아니라는 걸

금방 알 수 있을 거예요

좀 모자라게
좀 겸손하게
좀 자유롭게
좀 더 생각해보면
행복은 불행의 짝이 아니죠
남의 것인 불행은 떨쳐버리고
늘 행복하게 지내봐요, 우리

소크라테스의 충고

오, 친애하는 한국인 여러분! 위대한 아테네 시민으로 양심을 지키기 위해 국법을 따랐던 이 늙은 등에가 진실이 통하지 않는 시대를 사는 여러분에게 충고드리고자 이 자리에 섰습니다.

여러분은 진실이 침묵하고 있을 때도 말에 속기 쉬운 머리가 아니라 마음으로 바로 진실을 알아차리는 현명함을 타고 났습니다. 그래서 여러분은 거짓 진실이 난무할 때 말할 수 없는, 혹은 말하기조차 싫은 혼란과 분노를 느끼게 됩니다. 여러분은 분명히 진실이라고 선전되는 그것이 여러분이 타고난 양심에 가시관을 씌우는 불편함을 나서서 호소하고 싶지만 어디서부터 어떻게 진실을 말해야 할지 알 수 없어 냉가슴을 앓고 있을 뿐입니다.

저에게 신탁의 소리가 들리듯 여러분에게도 양심의 소리가 또렷이 들리기를 기원합니다. 여러분의 양심이 여러분의 신입니다. 그렇다고 해도 양심이 가르쳐준 진실을 내놓고 말하기 어려울 것입니다. 권력을 등에 업은 거짓 진실의 수사는 화려하고 압도적이며 집요하고 폭력적이고 잔혹하기까지 하니까요.

오, 옳고 선한 말과 행동에 목마른 나의 한국인 벗들이여! 최고의 레슬링 선수를 길러내는 사람은 달콤한 찬사를 내뱉는 군

중들이 아니라 냉정하고 합리적인 코치 단 한 사람이듯 진실은 외로우며 세상에 쉽게 말해지거나 드러나지 않습니다. 그러나 진실의 소리가 들리면 북의 울림에 몸이 떨리듯 여러분의 마음이 저절로 울릴 것이니 진실을 놓칠까 걱정할 필요는 없습니다. 또한 거짓 진실과 싸우기 위해 웅변가처럼 법정이나 거리로 나설 용기가 없다고도 걱정할 필요가 없습니다. 거짓 진실이 커질수록 여러분의 마음은 괴로워지고 터질 듯 팽창하여 마침내 몸을 일으켜 진실이 있는 쪽으로 걸어가게 할 것입니다. 그때 주위로 몰려드는 진실한 사람들을 만나게 될 것입니다.

  진실의 힘은 언제나 거짓 진실보다 위대하며 여러분의 편입니다. 2500년 전 그리스에서나 지금 여러분의 땅에서 진실은 똑같이 거짓을 몰아냅니다. 그러므로 나의 벗들이여, 거짓 진실에 현혹되더라도 자신을 속이지는 마십시오. 부끄러워 거짓으로 살지 마십시오. 자신을, 진실을 부정하는 삶처럼 비참한 삶은 없습니다. 이런 삶의 종말은 국법이 정한 죽음에 맞선 이 늙은이의 종말과는 아주 다릅니다. 죽음 이후의 영원한 비극을 어찌 감당하려 합니까?

  자, 여러분, 이제 헤어질 시간이 되었습니다. 우리 각자의 길을 갑시다. 나는 영원히 사는 길로 갑니다. 여러분은 여러분이 옳다고 느끼는 길로 가십시오. 어느 쪽이 더 좋은가는 여러분의 세뇌된 머리에 묻지 말고 양심에 물으십시오. 양심에 따라 어떤 길을 선택하게 되더라도 그 길의 끝에서는 여러분이 찾고 바라던 진실을 만나게 될 것입니다.

화성인 철학자

저 별엔 분노가 무성하다

공포로 새파랗게 질린 저 푸른 별에선
지구가 우주의 중심이라는
인류가 지구의 지배자라는
우리 민족 아니면 인류를 구원할 수 없고
나 아니면 미래가 암울하다는 정신착란이 창궐하여
멋대로 자연을 파괴하고
멋대로 이방인을 학살하고
멋대로 이웃을 짓밟는 걸
발전이라 하고 문명이라 한다
반대의 경우가 되어 위태로워지면
퇴보라 하고 미개라 하며 분노한다

분노는 낙천주의자의 양식,
터무니없는 희망을 세뇌시킨
종교와 문화라는 아리송한 명분은
정치와 경제가 선전한 욕망의 다른 이름인 줄

깨달을 때도 되었건만

오천 년 전보다 풍족해진 지금

욕망 그래프는 오히려 가파르게 상승곡선을 그린다

욕망과 좌절은 정비례하는 줄

욕망은 비현실적이고

비현실적인 욕망이 불러들이는

좌절은 너무나 현실적인 줄

저들은 언제 깨달을까

서로가 서로를 짓밟고

짓밟히지 않으려고 칼을 갈며 밤을 새우느라

밤엔 불을 켜고

낮엔 벌개진 눈을 부릅뜨면서

안정과 평화를 외치는 부조리를 언제쯤 끝내려나

끝낼 수 없음을 알기에

우리 별로 우주탐사선을 쏘아보내는가

분노를 전염시키려는가

보통 씨의 특권

마르크스 호텔에서 일어나
체 게바라 공장에서 시가를 사고
카스트로 커피농장에서 사진을 찍고
마오쩌둥 카페에서 럼주를 마시며
호찌민 거리의 늙은 기타리스트에게 동전을 던지는
자본주의자 보통 씨는
담벼락에 페인트로 주소를 쓴
언덕 위 판자촌 사람들을 사랑한다
게으르고 무능력하여
보통 이하로 사는 사람들은
인간 자격 미달 노예들
노예의 피로 건설한 자본의 도시에서
두둑한 연봉을 챙기는 보통 씨는
노예의 노동과 가난이 고맙고
노예자본주의가 더욱 고맙다

고마운 노예들을 위하여
대형마트에서 싼 수입 옷을 사주고

난민을 돕는 햄버거를 먹어주고
물 부족 국가를 돕는 맥주를 마셔주며
휴가철마다 노예의 나라로 날아와
돈을 뿌려주는 일은
보통 씨의 특권
양심적인 자본주의자 보통 씨는
기쁨을 오래 누리기 위해
실력과 수입은 비례한다는 규칙을 깨고
합리적인 이 체제를 위협하는
세습 재벌과 부패한 정치 관료를 경멸하여
세기의 혁명가들과 더불어
혁명을 소비한다만
불쌍하게도 보통 씨는
사내게시판에 올라온
구조조정 대상자 명단을 아직 보지 못했다

근심은 힘이 세다

밤새 근심이 찾아와 떠나질 않았다
여러 얼굴을 가진 근심은
마음으로 그리던 희망과
희망이 상상할 수 없을 정도로
무너지는 절망을 번갈아 보여주며
비웃음을 날렸다
근심이 생겨 괴로운 것인지
괴롭히기 위해 근심을 만든 것인지
차근차근 따져보니
근심은 불안을 먹고 이만큼 자랐다
가진 것을 잃을지 모른다는 불안
기대한 것을 갖지 못할 거라는 불안이
목까지 차올라 있다
가만히 가진 것, 기대한 것을 들여다보니
별게 아니다
가진 것도 별로 없고
기대한 것도 원래 내 것이 아니다
이 모두를 포기한 후도

근심이 남을 것인가
곰곰 생각하고 있는데
근심이 상실을 불러왔고
상실이 절망을 데려왔다
근심과 상실과 절망의 합주는
머리를 어지럽히고
잠을 쥐어짰다
가진 적도 없고 있지도 않을 것을
손에 쥐었다 놓았다 하면서
밤을 새우고 보니
잠을 빼앗긴 생각이
맥없이 쓰러졌다
오늘 또 근심에 졌다

황홀한 도시

수백만이 모여 개성을 뽐낸다는 대도시는
군대 같고, 감옥 같아서
함께 일어나고
함께 일하고
함께 먹고
함께 텔레비전을 보고
함께 자라 한다

비용과 효율에 최적화된 도시를 건설한
도시설계자들의 보고서엔
사람이나 사랑 따윈 없다
생산과 소비를 선전하는 숫자만 즐비하다
숫자로 세워진 도시는
기술과 과학을 등에 업고
통계 놀음에 한창이다

정치가와 기업가가 손을 잡은 도시에선
수요와 공급이 틀어진 가계부와

늘 흑자인 대차대조표 사이
반듯한 대로와 부조리한 골목으로
같은 공장에서 나온 옷을 입고
같은 은행에서 빌린 아파트에 사는
너무나 숫자에 둔감한 사람들이
유행하는 행복에 따라
개미 떼처럼 줄지어 다닌다

도시가 아름답다는 상식은
민주주의와 자본주의처럼 거창한 말과
민심과 민생 같은 고지식한 말이 태어난
보편적 상식에 뿌리를 내리고 있다고 하는데
이 도시의 어디에도 상식의 나무는 보이지 않고
상식을 보았다는 사람도 찾기 힘들다

빌딩 숲을 메운 텔레비전과
광고에 끼여 날리는 신문이
상식의 뿌리이고 나무라는 말이

백 퍼센트 정확하다는 게
도시의 입장
백 퍼센트의 투명함으로
도시를 지배하고 있다는 상식은
상식의 한계를 가뿐히 뛰어넘어
비상식과도 통한다는
도시의 신화적 초논리는
만화영웅처럼 무한대로 힘이 세다
상식을 뛰어넘는 공약과 시행령과 광고가
도시를 매일 새로 성형수술한다
비상식을 상식으로 도배하거나
상식을 비상식으로 선전하더라도
사람이 눈치채지 못하게
도시는 꼼꼼하게 연출한다,
생각을 낭비하게 만들 매혹적인 황홀을,
황홀하게 신용카드를 긋게 만들 비일상과 비현실을

그녀는 큰 입을 가졌다

나라가 망했음에도
신문은 배달되었고 텔레비전은 켜졌으며
붉게 칠한 큰 입술을 다문 그녀가 어김없이 등장했다
그녀는 복화술사
빨간 줄이 쳐진 활자와 가위질로 꾸민 화면은
그녀의 화려한 의상과 탱탱한 피부를 보여준다

근엄한 그녀는 오늘을 혐오하라는 포고령을 내렸다
오늘의 고통은 내일을 위해 참아야 하는 것
고통 없는 행복은 없다는 것
그래서 고통은 행복보다 본질적이고 값지다는 것
세금으로 부과된 고통을 참지 못하는 자는
당장 그녀의 나라를 떠나라는 것
단, 가진 것 모두 두고 떠나라는 것

그녀는 큰 입을 가졌으므로
크게 먹어야 하고
그렇게 먹어도 먹어도 늘 배가 고파서

저 세상으로 떠나는 망명자들을 반긴다는 소문이 무성한데
망명을 꿈꾸는 자들을 위해
공항을 폐쇄하고
항구의 발을 묶고
기차를 무기한 연착시키라는 글이
그녀의 수첩에 또박또박 적혀 있더라는 소식을 전하면서
주필은 그녀의 너그러움을 대서특필했고
앵커는 9시의 눈물을 흘렸다

작은 입으로 독설을 내뱉던 그녀의 아버지와 달리
큰 입을 가진 그녀는
침묵을 사랑하며 내일을 사랑한다
말없이 잔인하고 거짓으로 빛나는 그녀,
성형으로 아름다운 그녀가
내일, 모든 진실을 밝히는 기자회견을 열 거라는 소문이
내일을 믿지 못하는 자들 사이에서 퍼져나가고 있으니
 입을 가진 모든 자들의 입을 막으라는 포고령이 연달아 내려
졌다

그녀의 침묵을 본받아 침묵하지 않는 죄는
용서받을 수 없으니
다시는 오늘을 입에 담지 말라 한다,
오늘은 그녀만의 것이니

공평하지 않은 운명은 운명이 아니다

매일 아침 일찍 일어나
어찌할 수 없는 운명과
알 수 없는 운명과
선명하게 그려지는 운명을 따져본다
태어나고 죽어가는 삶을 운명이라고 부른다면
운명은 너무도 공평한 것
성공의 잣대로 운명을 잰다면
운명은 이미 운명이 아닌 것

운명은
손으로 지은 죄
말로 지은 죄
마음으로 지은 죄의 그림자이고
운명은 바르며
운명은 합리적이므로
운명을 순순히 받아들이라는 가르침은 개소리다
운명을 거부하려는 자는
죄를 뉘우칠 줄 모르는 자라는

헛소리에 귀 기울이지 말라
이 나라에 운명다운 운명이란 없다

철창에 갇혀 배불리 먹는 돼지나 닭에게
당장의 배부름이 죽음을 앞당긴다고 일러주어 무엇하랴
이것이 너희 운명이라 말해주어 무엇하랴
눈앞의 즐거움에 취해 있는 이 나라의
가난한 자들과 평범한 자들은
자기네 붉은 피로 적어놓은 장밋빛 미래를
운명이라 믿고 진실에 눈을 감았다
운명의 불행은 남에게만 가고
운명의 행복은 나에게만 올 것이란 기대처럼
우스꽝스런 탐욕이 어디 있느냐
공평하지 않은 운명은
운명이 아니다
남의 불행에 눈감은 죄,
곧 자기에게로 다가올 때
운명의 맨얼굴을 보게 되리니

제발 나를 죽여다오

나를 잡아 가둬라
감옥 밖에서는 숨을 쉬는 게 불편한 세상,
독재자의 딸이 버젓이 대통령이 되어
실실 웃으며 헌법을 찢는 이 나라
어디에서 정의를 물으랴
자식에게 무엇이 옳고 그르다 가르치랴
이런 세상은 자식들의 교과서 어디에도 없으니
학교에 보내지 못하겠다
보내지 않아야 사람 구실을 하겠다
옳지 않은 세상에 살라 할 수 없어서
힘없는 아버지가 앞장선다,

"너희는 울음은 참되 울분은 참지 마라."

선글라스 낀 네 독재자 아버지가
너를 이렇게 만들었다는 핑계 대기 전에
내가 하나같이 선글라스를 낀 너희
모두를 찌르러 가려 하였으나

너희와 같아질 수 없어
너희를 먼저 찌르기 싫으니
맘껏 나를 묶고
찢어 죽여라
살점을 낱낱이 발라내어 너희 개들에게 주어라,
그때 나는 웃겠다

말만 사는 도시

온 도시에 말이 가득하다
집집마다 틀어놓은 텔레비전에서 쏟아져 나오는 말
스피커와 전광판에서 미쳐 날뛰는 말
움켜쥔 손전화에서 잘 익은 고름처럼 터져 나오는 말
성난 파도처럼 갈기를 휘날리며
차선을 무시하고 달리는 말들은
강철 말발굽을 빛내며
아스팔트마저 녹인다

철학자와 시인으로 구성된 지하조직에서
이 말들의 배후와 진실을 밝혀냈다는 풍문이 있었지만
그들이 정보기관에 끌려갔다는 뉴스 뒤로
누구도 입 밖으로 말을 꺼내지 않게 되면서
도시는 말의 존재를 잊었다
잊히면서 말은 두려움이 되었다
말에 대해 말하려는 자의 용기는 짓밟히고
뻔히 보이는 말에 눈감은 자의 비굴은
통장에 숫자로 찍혀 나왔다

>

말의 광란과 질주에 대한 뉴스도 없고
말똥 냄새가 난다는 민원도 없는
이 말 많은 침묵의 도시에선
자기 말에 책임지는 자가 사라졌다
아무렇게나 풀어놓은 수천만 마리
말을 잃은 자들의 도시에서 살아남기 위해
눈을 감고 입을 다무는 법이
최신 유행 중

나는 개에게 줄을 세우지 않았으나

개새끼들이 알아서 줄을 선다
개새끼들만 아는 개새끼들의 서열
제일 크고 우락부락한 개새끼
눈치 잘 보고 토실한 개새끼
토실한 놈 눈치 보는 개새끼
눈치 보는 개새끼를 감시하는 개새끼
그 뒤에 빌어먹지도 못하고 드러누운 개새끼

어떤 개새끼에게 밥을 먼저 줄까
오라, 저 맨 뒤에 비루먹은 개새끼
힘없는 놈 먼저 먹이는 게 주인의 도리라서
그 개새끼 앞에만 밥그릇을 놓았더니
힘센 개새끼들이 으르렁 으르렁거린다
못난 개새끼 배부르게 먹어놓고
잘했다고 십자가에 눈도장 찍고
부처한테 배 내밀었으나
늘 배불렀다가 잠깐 배고팠던 개새끼들이
내내 굶다가 잠깐 배불린 개새끼를 뜯어 먹었으므로

며칠 동안 개새끼들한테 사료 줄 필요 없겠네
긍정적으로 생각하다가
살 뜯겨 뼈만 남은 그 개새끼 이름을 생각해 보았는데
입에서 욕만 기어 나온다
이름도 못 얻은 못난 개새끼
개새끼 같지 않던 개새끼
간도 쓸개도 없는
사람 같던 그 개새끼

바보들의 나라

옛날 옛적에 바보들이 사는 나라가 있었단다 바보들은 제일 바보스런 바보를 왕으로 뽑았지 그런데 왕이 상상도 못한 바보짓을 너무 잘해서 바보들은 왕이 똑똑한 게 아닌가 의심하기 시작했어 왕은 잘못을 저지르고도 미안해하지 않았던 거야

바보니까 잘못을 저지르는 게 당연하잖아

당연하니까 미안하다고 하면 끝이잖아

그런데 잘못한 게 없다고 딱 잡아떼는 거야 왕 바보인 바보 왕은 억울했대 그래서 바보 욕을 들을 일을 골라했고 잘못을 마구 저질렀고 바보라서 모른다고 딱 잡아뗐어 그런데 잘못을 할수록 잡아뗄수록 똑똑한 게 아니냐는 말이 자꾸 번져만 가는 거야 왕이 왜 바보들이 자기를 믿지 않느냐고 바보 신하들에게 물었더니 그걸 알면 신하 하고 있겠냐고 대답하더래 바보짓을 그만두면 바보 왕이 아니지 계속 잘못을 저지르고 바보라서 모른다고 둘러댔어

바보 백성들까지 화가 나서 마침내 바보 왕궁에 몰려들기 시작하더니 왕에게 물러나라고 소리를 질러댔어 왕이 그런가 싶어 물러나려고 하자 신하들이 바보들의 바른말을 따르는 건 정말 바보 같지 않은 행동이고 아무리 욕을 먹어도 자리를 지키는

게 바보의 도리가 맞다고 했어 그 말이 그럴 듯해서 왕은 바보들을 내쫓고 성문을 걸어 잠궜지 그때 바보들은 왕이 똑똑하다는 걸 알게 됐지 욕심낼 줄 아는 바보는 바보가 아니잖아

  욕심은 생각에서 나오는 거니까

  똑똑해야 욕심내는 거니까

  분노한 바보들은 성문을 부수고 왕궁으로 쳐들어가 왕과 신하들의 목을 댕강 잘랐어 바보 같은 짓이었다는 말이 여기저기서 튀어나와서 바보들은 즐거웠어 바보들은 내친 김에 바보혁명일을 선포하려 했지 그런데 왕도 신하도 없으니 선포할 수 없었지 그래서 제일 먼저 성문을 연 바보를 왕에 앉히고 어울려 혁명을 일으킨 바보들을 신하로 추대했어 새 왕과 신하는 절대로 바보짓만 하기로 맹세했어 그러고는 바보 군사를 풀어서 바보들을 성 밖으로 내쫓았어

  바보들은 쫓겨날 때

  여기저기서 바보같이 당하고 있냐는 말이 터져나왔어

  그래서 바보들은 즐거웠어

빚 공화국

뼈 빠지게 일해도 손에 쥐는 돈은 늘 모자라다
공과금 내고 할부금 내고 은행 이자 내고나면 다시 대출받아야 하는 만성적자 가계부를 집어던진 게 언제부터인가
이 세상에 백기를 든 게 언제부터인가
돌이킬 수 없는 빚은
가족이 되고
피부가 되고 뼈가 되었다

이 시대가 선전하는 행복
그 이상으로 살아내야 하는 일이 얼마나 어려운지 여기저기서 앞다투어 자선하듯 돈 빌려줄 땐 몰랐다 황금빛 미래를 담보로 맡기고 당당하게 대출받는 줄만 알았다
돈이 넘쳐나는 시대
돈으로 굴러가는 시대에 올라탄 채
쓰고 또 쓰는 즐거움에 미쳐 질주한 나날들이 목을 조르기 시작한 후로
맘대로 웃을 수도 울 수도
죽을 수도 없게 되었다

\>

내 것이라고 부를 수 있는 것

모두가 빚

빚더미에서 자고

빚더미를 입고

빚더미를 먹으면서도

겉으론 번지르르하게 치장한 채 목숨을 이어가는 일이 휘황찬란한 미래만 선전하는 금융자본주의 생존법이 되었으니

누구나 이렇게 빚더미에 얹혀서 이자의 노예로 살다가

상환능력이 없어지면 자식에게 빚을 상속하고 이 세상을 떠야 하는 것인가 하고 둘러보면 모두가 눈이 휘둥그레지게 행복해 보이기만 하는데

행복한 사람들이 쓰레기처럼 넘쳐나는데

왜 생활은 빚더미에 눌려 앓는 소리만 내는 것이냐

앓는 소리를 내면

왜 모두가 기다렸다는 듯이 달려들어

웃는 얼굴로 짓밟으려 드는 것이냐

바다에서 외치다

세상을 해치고
세상을 욕보이는 잡것들아
세상이 죽도록 싫고
세상에서 버려진 잡것들아
뒤돌아보지 말고 이 바다로 오너라
예로부터 이곳은 쫓겨나고 버려진 자들의 소굴
핏빛으로 파도치는 바다
죽음을 권하는 이 바다로 냉큼 오너라

세상을 깔보며 멸시하던
높은 산 잘린 머리들이
섬이 되어 둥둥 떠다니고
하늘 덮은 까마귀 떼가
아귀같이 주린 배를 채워 달라 악을 쓰고
주검의 눈부터 파먹어 들어가는
시꺼먼 장어 떼가 득실댄다

약하고 힘든 자들의 꿈을 팔아먹고

희망을 짓밟고
정의를 고문하고
양심을 목매다는 파렴치한 잡것들아
늘 당하고 살아 억울해 죽고 싶은
이 바보 잡것들아

이 바다가 뭐가 그리 무서우냐
생명을 품고 낳아
세상 처음을 열어주고
배터지게 먹여주고
슬픔을 품어주고
절망을 묻어주고
주검을 쪼개 하늘로 되돌려주는
이 바다가 어찌 그리 무서우냐
운명의 끝이 눈부신 휴양지 바다 사진처럼
또 너희를 속여주길 바랬느냐
죽음의 열탕을 건너며
갈갈이 찢어지지 않고서

어찌 이슬이 되고 비가 되고
별 같은 꽃이 되고
꽃 같은 사람이 되려느냐
너희가 사는 길은
욕심 없는 죽음과 한 몸이 되는 것
용광로처럼 펄펄 끓어 뼈마저 녹이며
죽음과 생명을 여닫는 이 바다로 오너라
온갖 더러움 다 품고 이 바다로 뛰어들어라

제 몸을 먹는 뱀처럼

가난밖에 아무것도 가진 것이 없는 자에게
이 사회는 악랄하게 손을 내민다
구멍가게에서 담배 한 갑을 사도
라면 한 봉지, 소주 한 병을 사도
부자와 똑같은 세금을 걷어간다
부잣집과 같은 전기계량기, 수도계량기가 달려 있는
창문 없는 방에서
남아도는 시간만큼은 부자다
딱 굶어죽지 않을 만큼 임금을 주는
일자리를 떠맡기는 이 강제수용소 같은 세상을
텔레비전은 선거철에만 잠깐 보여준다
정말 학교와 텔레비전이 가르치는 것처럼
무료로 하루 세 끼를 챙겨주는 감옥보다
돈을 벌어 꼬박꼬박 방값을 내고
세금을 내는 인생이 값질까
감옥의 자유와 풍요가 인간적이지 않을까

버는 것보다 많이 토해내게 하면서

돈이 있어야 돈벌이 스펙을 쌓고
돈 놔야 돈을 먹는 이런 사회에서
가난한 자가 가난을 벗어날 수 있는
합법적인 길이 복권 말고 어디에 있는지
물려받은 거라고는 몸뚱이가 전부라서
그나마 넘치는 가난을 먹으며 버틴다는 게
제 꼬리부터 몸통을 먹어치우는 뱀 같다

주일이면 간간이 방문 두들기며 들려주는
네 이웃을 네 몸처럼 사랑하라는 말이 참 우습다
모기와 바퀴벌레 말고는 이웃이 없는
가난한 자와는 누구도 이웃이 되려 하지 않는다
일할 수 없을 때까지
스스로 죽을 때까지
거머리처럼 피와 돈을 빨아먹는 이 사회에서
그나마 남은 이웃은 푼돈일 뿐

제정신 아닌 자를 빼고 누가 가난을 즐기랴

찢어지게 가난하기에
한순간도 가난한 마음을 가질 수 없어
천국 갈 수 있을까 걱정되고
부잣집에서 태어난 개나 고양이가 부럽다가도
누구나 빈손으로 나서 이러구러 살다가
죽음 앞에선 가진 걸 탈탈 털어야 하는 목숨이니
이 생이 끝나는 날
숨 넘어갈 때까지
웃어젖히는 호기라도 부려보려나

모두의 철학

해가 뜨고 지고
날이 가고 오고
사람이 나고 떠나는 이치
누구나 쉽게 알고
누구나 생각 없이도 잘 가고 있는 길
햇살 같은, 공기 같은, 물 같은
이 길

말하기 전에 누구나 마음으로 알고
배우기 전부터 머리로 알고 있지만
모른다고 생각해서 모르는
모두 사는 길
함께 가는 길에 놓인
모두의 철학

아름다운 말은 금방 시들고
믿을 수 있는 말은 자주 변하는 법이어서
아름다운 말을 사고

믿음직한 말을 쫓을수록

생각은 사라지고

사람도 사라지고

길도 막히고 끊어진다

잠깐 숨 고르고

살며시 눈 감고

무심히 나를 찾다보면 알게 되지

축제가 끝나고 혼자 남은 사람 하나

세상의 전부인 딱 그 한 사람

그 사람이 나이고

모두이고

모두의 마음인 것을,

모두의 철학인 것을

행복한 오늘

배부른 철학자들은 말한다
오늘은 오늘이고
내일은 내일이다
그러므로 오늘은 내일이 아니다
내일을 걱정하느라
오늘 행복을 잊은 이 바보 같은 사람들아

말이야 쉽지,
오늘이 어째서 오늘이고
내일이 왜 내일인지
오늘과 내일이 어떻게 다른지 모르는데
이 둘이 강물처럼 이어져 있는 듯한데
어찌 뚝 떼어놓고 살란 말인가
자꾸만 오늘보다 옛일이 후회스럽고
앞일이 걱정스럽기만 한
사십 대에 처박혀 우울한 시인이
단 하루만이라도 행복해져 보겠다고
비싼 돈을 주고 산 철학책을 읽으며

그래, 오늘은 논리적으로라도 행복해져 보자
매일 오늘처럼 행복하게 살자고
철들지 못한 자신을 타이르다가
하느님, 알라, 시바, 부처, 세상의 모든 신들에게
무사히 하루를 살았음에 감사하며
책장을 덮고 눈꺼풀을 내리는
늦고 늦은 밤,
새벽에 너무 가까운 이 시간은
오늘인가 내일인가?

중용의 온도

벌거벗고
냉탕과 온탕 사이를 오가며
몸에 맞는 온도를 찾는다

너무 뜨겁거나 너무 차가울 때
몸을 사리다가도
미지근할 때
손해 보는 느낌이 드는 건
목욕탕에서만은 아닐 것이다

열정적이거나 냉정한 나날들은
뜨뜻미지근한 일상에 돌을 던지고
파문을 일으킨다
사납거나 축 처진 감정의 물결을 타고 있을 때
인생의 온도는 몇 도쯤이 적당한가
생각해볼 수 있는 것이다

체온이 몇 도만 올라가거나 내려가도

끙끙 앓으며
36.5도를 찾아가려는 몸이나
감정에 휩쓸리면
여지없이 열병 앓는 마음을
밋밋한 일상으로 돌이키려는 관성은
365일 지치지 않고
알맞은 인생의 온도를 일러주려는 것이다

소크라테스의 영혼

스르르 죽음의 문을 열고 들어가며
영생을 기뻐하던 늙은 철학자 소크라테스여
나비가 번데기 시절을 잊듯
사람은 태어나는 순간마다 전생을 잊고
유전자 지도에 뿌려진 영혼의 씨앗에서 싹이 날 때
육체의 문을 여는 열쇠를 쥐는가

생사의 황홀한 문 너머
벌떼처럼 요란하고
등에처럼 집요하고 분주하게
사람의 이름을 불러주는 쾌락과 고통이여
육체처럼 쉽게 달아오르는 이름이
그보다 싸게 영혼에 살을 붙이고
육체와 영혼이 한 몸을 이루거나
영혼이 육체의 배설물로 나올 때쯤
사람은 이름을 잊고 어른이 되는가

영혼을 잃을수록 돈과 명예를 안겨주는

어른들의 나라에는 철학자가 살지 않는다지만
언젠가는 쓰고 버릴 쓰레기 같은 육체에 빌붙어
고통은 남에게 주고 쾌락만 가지려는 자들의 도시에서
철학자란 죽음을 기다리며
죽음 너머
순수한 영혼의 마을을 고대하는 자라던 소크라테스는
이미 건너간 물을 다시 건너올 일이 없겠다만
영광과 상처투성이 육체를 벗어나는 날
잠깐 멈추었던 숨을 내쉬듯이
편안하고 홀가분하게 영혼으로 환생하였다가도
영혼의 삶에도 지치게 되면
먼지처럼 바람에 흩어져버린다 해도
억울하지 않으리

시인은 시인이다

언제 밥 빌어먹자고 시인이 되었더냐
이름 날리자고 시인이 되었더냐

새싹처럼 부드럽게
파도처럼 씩씩하게
홍시처럼 달콤하게
겨울 찬바람처럼 냉정하게

세월을 뒤집어 읽고
세상의 속살을 노래하고
웅크린 사람의 손을 쥐어주겠다며
스스로 눈을 파고
팔다리를 잘라낸 게 엊그제 같은데
아름다운 말과 빛나는 수사로
시대의 밑구멍을 핥거나
괴롭다 외롭다 못 살겠다
제 피와 살을 씹고 토해내면서
시인의 이름을 조금씩 내다 팔며 사는 일이

제 갈 길도 잊고 마음조차 잃을 자들의 심장에
비수를 찌르는 짓인 줄 모르게 되었을지라도
미안하지만 시인은 시인이다
살아 있으니 아직 너는 시인이다

그 누구에게 이 시대에 시인이 되라 하겠느냐
누가 나서 제 목을 내놓고
이 아름답고 단정하고 우아하게 위장한 시대의
불의와 부정에 오물을 집어던지겠느냐만
시인은 시인이다,
시인은 마지막 사람이다,
아직 시인 같지 않은 이 사람아

노자의 시창작 강의

아름답다 말하는 시는 추하고
한목소리로 좋다는 시는 나쁘다
한눈에 읽히는 시는 믿을 수 없고
믿으라는 시는 두 번 읽히지 않는다
착하다고 시를 잘 쓰는 것이 아니고
시를 잘 쓴다고 착하지 않다
지혜롭다고 시를 많이 아는 것이 아니고
시를 많이 안다고 지혜롭지 않다
시를 아는 이는 시를 말하지 않고
시를 말하는 이는 시를 알지 못한다

그러니
시를 쓸 때는 작은 생선 굽듯 조심하라

힘주고 싶을수록 낮추거나 감추고
뽐내고 싶을수록 뒤로 물러나며
작고 하찮은 사물을 크게 보고
적고 힘없는 사람을 높이 여기며

어려운 표현은 쉬운 단어에서 찾고
복잡한 상황은 평범한 일상에서 시작하며
모두가 욕심내지 않는 것을 욕심내고
모두가 배우지 않는 것을 배워서
사람들이 잊고 사는 진실을 드러내라

뛰어난 솜씨는 서툰 듯
화려한 말솜씨는 더듬는 듯
시는 나날이 덜어내는 것
덜어내면 차고
더하려면 오히려 모자라는 듯
세상에 시보다 부드러운 것이 없으나
단단하고 강한 것을 이기기에 이만한 것이 없나니

구석기 씨의 자유

> 당신이 재산을 쌓아두면
> 그들은 당신의 영혼을 강탈할 것입니다.
> ─프란치스코 교황

도시의 자유는 무한정이라지만
물려받은 재산이 없고
수입이 정해진 구석기 씨는
조심스런 사냥꾼의 피를 이어받았으나
문명과 문화로 덧칠한 도시라는 사냥터에
도사리고 있는 위험에 자주 빠져
오랜 빚의 노예 생활을 겪은 후로
카드도 없애고
지갑마저 없애고
적게 먹고 적게 쓰며 산다

사냥터에서 피 흘리며 번 돈을
물 쓰듯, 술 퍼마시듯 쓰게 하고
돈을 쓰는 데도 시간과 돈을 요구하면서
파산한 영혼이 떠도는 늦은 밤에도
안방까지 쳐들어와

소비는 미덕이고 특권이라 선전하는
이 사채업자 같은 도시의 악귀는 무섭다

평생 돈을 모아도
은행 대출 없이 집 한 칸 마련할 수 없고
빚더미인 집을 차지해 봤자
가구와 가전제품을 채워 넣는 일로
등골이 휜 사람들을 무수히 봐 왔으므로
도시에 널린 월셋집을 징검다리 삼아
사막의 낙타 상인처럼
조심조심 하루를 건넌다
적어도 남을 위해 일하는 시간만큼
자신을 위해 시간을 쓰며 사는 게
사람다움의 기본이라는 구석기 씨는
동굴에 감춰둔 식량 같은 돈을
꼭 써야 할 데만 쓸 뿐이다

다행이다

물에서 태어나
물을 품고 살다가
물로 가는 사람의 몸은
복잡하게 얽힌 길과 골목이
하나로 통하는 물의 제국
핏줄을 타고 흐르는 강과
심장에 고인 연못과
꿈이 노니는 호수와
마음을 흔드는 바다를
다녀보지 못한 사람은
태어나고
거름이 되고
다시 씨앗이 되는 생명의 순환을
눈으로 확인하려 애쓰지만
눈동자를 채운 물조차 보지 못한다

앞서 죽어간 생명이 흘린 눈물이
산 생명의 몸이 되어주고

밥이 되어주는 세상에
울음으로 태어나
울음으로 끝맺는 삶은
샘솟는 물처럼
굽이치는 강물처럼
안고 품는 바다처럼
변함에 그침이 없지만
생명에는 마디가 있어
물 같은 피의 흐름이 멈추는 날
말도 멈추고
이름도 멈추고
영혼도 멈춘다는 걸
가르쳐준 이 아무도 없지만
모두가 살아 있는 동안에는
그침 없이 숨을 쉬어
슬픔을 썰물로 내보내고
기쁨을 밀물로 불러들이고 있으니

이스파한의 아침

헐렁한 옷을 입고
이스파한 뒷골목 볕 잘 드는 카페로 가서
장미향 물담배를 피웠지
옆자리엔 아라비아에서 왔다는 베두인이 앉았고
모스크에서 예배를 마친 무슬림들이 천천히 골목으로 흘러
나갔어
탁자에는 잘 익은 석류가 있었는데
인사를 잘하는 호비호비가 태연하게 쪼고 있더군
얇고 긴 작대기를 든 경찰이 와서
시비조로 여권을 보여 달라기에 아무 말 하지 않았어
슬그머니 사라진 베두인 자리에
눈이 큰 아이가 와서 앉더니만
다짜고짜 일 달러를 달라기에 아무 말 하지 않았어
금발머리 서양인이 다가와
물담배 연기 길게 내뿜는 모습을 찍고 싶다기에
여권과 일 달러를 주면 그러겠다 했지
서양인은 사진만 찍고 달아나버렸어
경찰이 고함을 치며 쫓아가기 시작했고

아이도 소리 지르며 쫓아갔어
수천 년 동안 이스파한의 햇살이 잘 깎아놓은 골목길은
사방으로 뚫려 미로처럼 복잡해
사람 사는 길이 그렇듯
자세히 보지 않으면 그 길이 그 길이야

카메라를 든 동양인이 다가와
석류를 쪼는 호비호비를 찍어도 되겠냐고 물었고
처음 보는 베두인이 어린 아들을 데리고 와서 앉았어
어깨에 작대기를 걸친 경찰이 느릿느릿 다가왔어
세계의 절반이라는 이스파한이니까
앞으로 어떤 일이 벌어질지 모르겠어
미로처럼 복잡한 생각을 다 잊자고 찾아온
이스파한의 아침이니까
알 수 없는 일이 자꾸 벌어져도
그냥 받아들이려고 해
나 따윈 잊으려고 해

겨울 인도

겨울에 인도엘 갔어
인도는 건기였는데
하루 안에 사계절이 들어 있었어
새벽은 떠돌이개의 겨울
아침은 집고양이의 봄
낮은 흰 소의 여름
저녁은 까마귀 떼의 가을이었어
일 년을 하루로 압축하는 일상적인 마법에 익숙해지니
걸어서 데칸 고원을 가로지르는 반얀나무나
동서남북 지평선을 뒤덮은 해바라기밭이나
금방 무너질 듯 위태로운 늙은 산이나
밤마다 내세로 가는 길을 보여주는 갠지스 강도
풍경에 지나지 않았어

연금술사처럼 향신료를 섞어 만든 카레처럼
온갖 염료로 물들인 쌀처럼
서로 다른 말을 하는 인도 사람들이
서로 다른 생각을 떠벌이는 시장엔

사탕수수를 짜서 파는 불교인과
탄두리 치킨을 굽는 이슬람인과
차이를 끓이는 힌두교인이 모여 있었지
시장 허름한 식당에서
삶의 의미를 찾아 인도로 온 외국인들과
전생 언젠가 한번은 인도인이었을 거라는
농담을 주고받을 때도
여러 나라 말과 생각이 섞인 농담 속에
혹시 모를 깨달음이 들어 있지 않을까
긴장하기도 했어
그럴 때 꼭 누군가는 구루처럼
깨달음은 구하면 구할수록 멀어지는 거라며
말끝을 흐리기도 했어
억겁의 말이 찰나의 깨달음 속에 들어 있다는
무거운 말을 우스갯소리로 하는 인도에서
한 해가 하루에 흐르는 일쯤은
싸구려 잎담배 한 모금만도 못했나봐
옳다 그르다 따지지 않고

아름답다 추하다 가르지 않는 길이
어디로든 나 있고
과거와 미래 어디로든
시간이 흐르는
인도였으니까

나도 없고, 너도 없고

별을 반으로
쪼개고 쪼개고 쪼개
억만 번을 더 쪼개
마지막까지 남은 입자
먼지로 변한 별이 어둠 속에서 요동칠 때
별빛을 쫓아
세상 맨 처음으로 거슬러간다
비늘을 흔들고 꼬리를 반짝이며
시간을 거스르고 거슬러
은하수를 따라간다
우주와 우주의 막이 부딪치는 소리를 들으며
미래와 과거가 함께 사는 곳을 찾아간다
현재가 없다는 그곳,
현재가 없어서
나도 없고, 너도 없고
너와 나란 이름이 없어서
빛과 어둠처럼 어울려 살던 그때로
째깍째깍 돌아간다

도덕경

아무도 모르고 아무것도 없는
옛날 아주 먼 옛날
넓고도 멀어
끝을 알 수 없는 그곳에 있다는
지도 한 장
빛과 어둠,
고요함과 움직임,
태어남과 죽음,
말과 생각의 길들이 그려진 지도
비고 또 비어 있고
차고 가득 차 있어
시작도 끝도 보이지 않고
방향도 가늠할 수 없는
세상을 그린 지도
도 아닌 도,
이름 아닌 이름으로
세상을 낳고 기르는
보물지도 한 장

제2부 세상을 향해 싸노라

아주 작고 푸른 구슬

혼자 구슬치기 하던 아이가
점심 먹으러 가며 두고 간 구슬
놀던 그대로 두고 간 구슬
바람에 흔들리면서
키득키득거리면서
아이를 기다리는 구슬 중에
아주 작고 푸른
구슬 하나

대한민국
경상남도 거제시 남부면 저구마을
124번째 집에 사는 아이가
점심을 먹고
찾으러 나간 구슬 중에
아주 작고 푸른
구슬 안에서
꿈틀대는
우주

별처럼 빛나는 인생

깊은 밤,
카시오페이아를 찾아 논둑을 거닐다가
별똥별을 보았다

저 별이 떨어지면 한 생명이 태어나는가
아니면 한 생명이 져서
별이 되어 하늘로 날아오르는 것인가

은하에 천억 개의 별이 빛나고
온 우주에 은하가 천억 개 있다니
사람이 죽으면 별이 된다는 말,
틀리지 않나 보다

그 많은 사람들이
별에서 와서
빛나는 마음에 별 하나씩 품고 살다가
별로 돌아가는 게 인생이라면
근사하지 않은가

살아도 별,
죽어도 별이라면
행복하지 않은가

강아지꽃

이름도 잊었다
갓 젖 뗀 천방지축 강아지
눈앞에서 차에 깔려 죽어
마당 구석에 묻고
바가지만 한 봉분 만들고
풀을 잘라 덮었다

몇 년 동안 잊고 살아
무덤에 무성해진 잡초 베어내고
평평해진 그 자리에
맨드라미 꽃씨를 뿌렸다

부드럽고 윤이 나는 맨드라미 붉은 꽃
살랑살랑 꼬리 흔드는 꽃을 어루만지니
보들보들 꽃강아지
손가락을 핥는다

봉숭아 카페

여름에만 문을 여는
수돗가 봉숭아 카페

미팅 나온 꿀벌 한 쌍은 분홍 테이블에서 꽃가루 샐러드
낙천주의자 호랑나비 씨는 꿀물 칵테일에 취해 있고요
뚱뚱한 무당벌레 씨는 진딧물 푸딩 한 접시 더
일개미 씨는 진딧물 시럽을 아껴먹어요

아이들이 손톱 물들이러 오면
봉숭아 카페는 문을 닫지만
뿔뿔이 흩어지는 손님들
몸에 든
마음에 든
봉숭아물은
지워지지 않아요

책나비

길 잃은 생각을 찾으러 책꽂이로 갔지
수천 년 동안 여러 나라, 여러 말을 여행하느라
어리둥절한 철학자의 책을 펼치고
오늘의 의미를 물었어
철학자는 오늘날의 오늘을 이해하지 못했지
펼친 책 그대로 책상에 올려놨어
한국현대사를 좋게 보고 있는 역사학자에게
내일이 어떨지 물었어
역사학자는 내일이 역사가 되길 기다리는 중이라고 했지
책을 덮을 수가 없어 펼쳐뒀어
따뜻한 자본주의를 기다린다는
경제학자의 책은 차가웠어
몇 번이나 읽다가 덮어버리기를 반복했던 책에서
아주 크고 거짓말을 잘하는 숫자들이 툭툭 떨어져 나오자
경제학 책은 점점 가벼워지더니
책날개를 퍼덕거리며
나비처럼 날아올랐어
철학책, 역사책도 덩달아 날아올랐어

책들이 날갯짓할 때마다
활자가 떨어져 나오더니 가루 되어 날렸어
활자 가루는 화산재처럼
책상에 쌓이고
머리에 쌓이면서
그간 걸어온 생각의 길을 지워버렸어
책 속에 길이 있다는 말은 새빨간 거짓말이었어
책은 그냥 나비였어
나비가 좋아하는 꽃을 피우는 나무였어
생명의 날갯짓이 아로새겨진 나무를
말과 논리만 아는 학자들이 어떻게 알아

길 잃은 생각을 찾아보려고 나비를 따라갔어
책 속의 꿀을 빨다가
생각도 잊고
음, 한 오백 년 동안 끄떡없을
나무처럼 뿌리를 내렸어

능소화 만진 손으로 눈 비비지 말랬지

봄 내내 재잘대던 새끼 제비 날아간 날
제비집 허물고 제비똥 치웠지
담장 너머 핀 능소화
배꼽 잡고 웃다가
분홍물 들었길래
따라 웃었어
웃다보니 예쁘데
예뻐서 손 뻗어 쓰다듬었지

제비처럼 날이 선 햇살
눈부셔
눈 비볐더니
어허, 이런
세상에
눈이 멀어버렸어

씨 뿌리는 사람

주머니 가득 씨 넣고 다니며
세상에 씨 뿌리는 사람
온갖 꽃씨, 마음씨, 생각씨를
손에 쥐고
화장한 재 뿌리듯
마음 닿는 자리마다
씨 뿌리는 사람
슬프다 기쁘다 얽매이지 않고
옳다 그르다 따지지 않고
보일 듯 말 듯 뒹구는
작은 씨앗 같은 그 사람이
씨 뿌리는 오늘,
메마른 세상의 틈이
씨앗만큼 벌어진다

꽃 텔레비전

몇 년째 자리만 차지하던 텔레비전을 꺼내
마당 벚나무 아래 묻는다
시커먼 브라운관 뺀 자리에 흙을 채워
이 꽃 저 꽃 옮겨 심고는
리모컨 거꾸로 꽂아
꽃 이름표 삼는다

살 길 없어 함께 일가족 목숨 끊어 가는데
돈이 넘치는데 왜 안 빌려쓰냐며
헤벌쭉 웃는 독재자와
노동자 먹여 살리느라 등골이 휜다는
재벌을 위한 뉴스 그만
사랑을 성형하고
사람을 짓밟아야 성공하는 드라마도 그만
얇은 지갑 털고도 모자라
손목에 카드 그어대라고
꼬셔대는 광고도 그만이다

벚꽃잎 봄바람에 멋대로 나니는 날
꽃 텔레비전 울긋불긋 피어나
벌 나비 불러오고
그리운 사연 읽어주고
잊고 지낸 사람 찾아온다는
반가운 소식 전해주려나
함께 더불어 살 만한 세상
제대로 보여주려나

닭나무

후라이드치킨을 먹다보니
뼈가 부러져 있다
제비 다리도 아닌 것을 왜 부러뜨렸나
양계장에서 대량생산된다는 그,
제 몸무게 못 이겨 뼈 부러진다는 그 닭인가

시장에 나오면
짐짝처럼 이리 내던지고 저리 내던져지는 신세가
어디 닭뿐이랴
트럭에 실려 가는 닭처럼
출근하고 퇴근하는
하루의 피로를
맥주 한 잔에 치킨 한 조각으로 푸는 일이
일상인 사람에게
비참한 닭의 생애를 보여준다고
무슨 깨달음이 있을까

언제 닭 생각하며 치킨 먹은 날이 있었나

짜장면 값만도 못한 치킨이 팔리는 시대,
새벽닭 울음소리 잊은 지 오래
살아 있는 닭 본 지도 오래지 않은가

머지않아 나무에 닭이 열리는 날이 오겠다
털 뽑힌 닭들이 주렁주렁 열리는
닭나무가 생겨나도
원래 그런 줄 알겠다
싸게 뜯어 먹고
싸게 배불릴 수만 있다면
닭나무가 무슨 대수랴

수족관 친구

횟집 하는 그 어부는 바다에서 건져 올린 물고기를 수족관에 넣어두고 손님을 기다렸다. 기다림이 유난히 길었던 그날, 홀로 소주잔을 기울이며 물고기를 살펴보았다.

손데에서 낚시로 잡아 올린 10kg 넘는 광어, 수족관이 비좁다고 불평이었다. 어부는 비좁고 불편했던 도시에서 지낸 날들을 떠올렸다. 수족관이 작은 게 아니라 네가 큰 거야. 광어는 넓은 바다와 덥석 문 바늘의 아픔을 떠올렸다. 참아야 했어. 어부는 참고 살아야 했던 나날과 유혹에 빠졌던 순간을 떠올렸다. 후회할 짓을 말아야 했어. 광어는 아슬아슬했던 순간늘을 떠올렸다. 그렇지만 그때가 좋았는데.

그렇지, 그때가…

어부는 회를 잘 썰어낸다고 평판이 자자했지만
물고기와 이야기를 한다는 말은 입 밖에 내지 않았다.
친구 물고기를 손님이 가리키지 않기를 바랐으나
우정보다 생활이 먼저였으므로

장난스런 운명의 잔인함을 피하지 않았다.
그 광어의 숨통을 끊던 날은
노을이 알록달록했고
무지개 옷을 차려입고 들이닥친 손님들도 유쾌했다.
어부는 칼을 야무지게 갈았고
손님들은 카메라를 꺼내 들었다.
광어는 지켜봐 온 친구의 칼솜씨를 믿었다.
믿었으므로 끝까지
아무 말도 하지 않았다.

다 왔다

노인들만 오는 시골 장터 건너
거제질청 담벼락을 낀 골목
단층 의원 건물에는
꽃나무 하나 없다
울긋불긋 꽃무늬 옷이 내걸린 골목 좌판에는
바싹 마른 햇빛과 핼쑥한 바람만 날리고
목발을 짚거나
유모차를 밀거나
무릎을 펴지 못해 뒤뚱뒤뚱 걷는
노인들의 장날에
시골 버스정거장 노인들은
암호 같은 사투리를 쏟아내며 왕년의 역사,
해독 불가능한 세월을 새로 쓰려 애쓰지만

유월에도 피지 않는 꽃,
꼬부랑 할멈의 손을 퉁명스레 끌며
병원 문을 열고 들어가는
꺽다리 할아범의 혼잣말처럼

아이고, 다 왔다
같은 풍경 속으로
자네도 거의 다 왔구나

슬픔의 바다에서

세상이 온통 슬픔의 바다에 잠겨도
눈물 훔칠 손등만은 적시지 못하게 하고

마음이 고통에 절여져도
심장은 쉬지 않고 뛰게 하며

마지막 숨이 슬픔에 잠길 때
다음 숨을 떠올릴 수 있기를

슬픔이 그 숨마저 삼키더라도
당신만은 슬픔에 젖지 않기를

세상을 향해 싸노라

창을 열고 오줌을 싸노라
세상을 향해 오줌을 누면
바다에서 파도가 밀려오고
풀벌레 목청을 높이누나
여전히 밤은 어두운데
사람은 사람의 집 위에
집을 짓는 꿈만 꾸는구나
바다 너머 섬에서 밤을 잃은 등대
눈을 깜박이누나

오줌 소리 천지에 가득한 밤
오줌발 그치면
세상은 다시 잠들고
바지춤을 올리는 사람
세상이 옳다고,
옳다고 울며
허리를 졸라매는구나

마음을 굶기다

오늘도 눈을 떴구나
말갛게 씻은 얼굴을 보고 있구나
하루를 그려보고 있구나
밥을 먹고 있구나
맛있게 나를 먹고 있구나
걷고 앉고 말하고 있구나
보고 배우고 익히고 있구나
마음이 흔들릴 때
깊이 숨을 들이 쉬고 있구나
내쉬고 있구나
나를 보고 있구나
남처럼,
남의 일인 양
하루를 살고
자리에 들어 있구나
오늘 하루는 어떠하였는지
나에게 묻고 있구나
대답하고 있구나

눈을 감는구나
잠이 드는구나
꿈을 찾는구나
별이 총총 흐느끼는 밤에

생각의 목걸이

짧고 철이 없는 생각을 길들이려고
생각의 목에 목걸이를 걸었다
고분고분하면 머리를 쓰다듬고
날뛰면 목걸이를 잡아챘다
쓰다듬고 달래고
윽박지르고 혼냈다
시간이 흐르면서
생각이 말귀를 알아들었다
멈추라 하면 멈출 줄 알았다
기특해서 목걸이를 풀어줘 보았는데
역시나 믿지 못할 게 생각이란
생각을 하게 되었을 때
불쑥 튀어나온 생각이
내 생각에 목걸이를 채워버렸다
왜 이런 일이 벌어졌을까,
생각의 목걸이마저 생각하기 시작하면서
생각의 목걸이,
목걸이의 생각,

목걸이의 생각의 목걸이를
분간할 수 없었다
생각이 생각의 꼬리를 물어
생각들이 서로의 목걸이가 되어버린 후
처음 길들이려 한 생각을 영영 찾을 수 없었다
왜 생각을 길들이려 했는지
목에 채워진 생각의 목걸이를 어떻게 풀어야 하는지
생각이 나지 않았다
생각은 사라지고
텅 빈 목걸이만 남았다

히키코모리

두툼한 무지개 무늬 커튼을 걷으면
창문 너머는 거대한 감옥

젖과 꿀이 흐르고
양과 사자가 함께 노니는 천국 간판 아래서
이름 대신 숫자로 불리는 사람들은
마음마저 은행에 맡기고
사람 대신 노동력만 환영하는 거리를 떠돈다

새 날지 않고
물고기 헤엄치지 않는 마트에서
사람은 일용할 양식을 헐값에 구하고
헐값에 몸을 판다

해가 떠도 돈
비가 와도 돈
이자를 갚으라는 문자도 돈
돈 햇살과 돈 비와 이자 독촉을 피할 데가 없어서

몇몇은 혁명을 꿈꾸다
감옥에 갇히고
창살 너비 하늘만 바라보면서
은행에 맡긴 마음의 이자를 계산한다

무지개빛 찬란한 커튼을 닫으면
방안은 온통 어둠
살에 심지를 꽂아
불을 밝히는 우리는
자기를 지켜가는
히키코모리

가시

세월이 흘러도
세상은 여전히 가시밭
혼자 키운 가시에 매일 찔린다
밟고 또 밟으면
없어질 줄 알았던 가시,
살아갈수록 오히려 무성하다

아프다, 괴롭다 하여도 이젠 늦었다
마음을 뚫고
몸을 뚫고 자란 가시들

가시투성이로 살다보면
알게 되려나
가시도 가시에 찔리면 아프다는 것을
더는 고통을 느끼지 못하게 날이 오면
인정하게 되려나
서로가 서로에게 가시가 되고
서로를 찔러 피 멈출 날 없었음을

부자 유령

사람들은 말하지,
부자는 행복하다고
행복하기 위해 부자가 되려 한다고
부자가 행복하지 않다면
부자가 되려 할 필요 없겠지

불행해도 좋으니 부자가 되려는 사람도 있겠어
부자만 될 수 있다면 행복하거나 불행하거나
아무래도 좋다는 사람에게는
돈이 마음보다 중요하겠지
마음 없는 사람은 그림자 없는 사람과 같아
그림자 없는 사람은 유령이라서
마음 없이 돈만 가진 부자도 유령,
돈을 만질 수 없는 유령에게
돈 또한 유령
유령 같은 돈을 쌓아둔 부자 유령이
얼마나 행복한지 불행한지
살아 있는 사람이 어찌 아누

하루하루

고맙게도 눈을 떴구나,
하루를 더 살라는구나
오늘을 축하한다고 햇살은 황금빛이구나
매일 이처럼 빛나는 하루를 맞을 수 있을까
하루를 빛나게 만들 수 있을까

산을 걷고, 바다를 건너고, 하늘을 날아가도 하루
어제 하던 일을 반복해도 하루
어디까지 가볼까
머물며 쉴까
바쁘게 다니면 바쁘게 지나가고,
느리게 다니면 느린 하루
어쨌든 흘러가는 하루
그러나 두 번 다시는 맞을 수 없는 하루
어제와 내일을 새로 만드는 하루
일생보다 긴
이 하루

숨을 쉬며 걸을 수 있으니
이 하루를 맘대로 돌아다녀도 되겠구나
하루하루
살아온 나날 동안
뭘 보았더라,
어디까지 살았더라,
금방 잊지만
잊어도 안 아까운 하루,
고맙게도 아직 눈을 뜨고 있는
이 하루

양심론

무엇이 옳고 그른지 선택해야 하는 순간이 오면
아들딸아,
남에게 묻지 말고 네 마음에 물어라
선하고 옳게 타고난
네 착한 마음을 양심이라 한단다
그러니 아들딸아,
학교에서 배운 것처럼
양심에게 논리로 묻지 말고
이익으로 묻지 말고
마음으로만 묻고 기다리면
그냥, 알게 된다
되돌아오는 마음 울림이 그저 편하면
양심이 바라는 바,
조금이라도 거북하거나 의심스러우면
양심이 꺼리는 바이다
그리고 아들딸아,
결정하기 전에
한 번 더 양심에 물어라

너의 양심이 아니라
남의 양심,
남을 나처럼 여기는 모두의 양심에 물어라
그래도 마음 편하고 거리낌 일지 않으면
네 선택은 옳은 것이니
눈앞으로 다가오는 어려움이
감당 못하게 커 보이더라도
뒤돌아보지 말고
당당히 걸어 나가라

남의 가난은 나의 것

세상이 외면한 가난을 모두 먹이진 못하겠지만
손 뻗으면 닿는 가까운 가난을 반길 수 있다면

조금 덜고
조금씩 나누어
가파르고 날카롭게 추락하는 가난의 절망을
토닥거리고 어루만질 수 있다면

원래 내 것은 남의 것
남이 있어 갖게 된
내 것 같은 남의 것으로
살아 있음에
살아왔음에
눈을 뜨게 된다면
남을 베려던 시퍼런 욕심과
욕심 많은 불안과
불안한 조바심에
늘 쫓기는 이기심도

차츰 누그러들겠지

줄 수 있어서
나눌 수 있어서
서로에게 사람이 되고
사람됨에 감사할 수 있다면

그림자를 보라

그대가 있어 그림자가 있는지
그림자가 있어 그대가 있는지
생각해본 적 있는가

그대의 그림자는
그대가 살아 있다는 뜻

그대가 허리를 굽히면
그림자 구부러지고
그대가 멈추면
그림자 또한 멈추어 그대를 기다리니

그대가 무엇을 하는지
어떻게 사는지 궁금하면 그림자를 살펴볼 일이다
그대를 알고 싶은 사람은
말 많은 그대 대신
그대가 잊은 그림자를 보고 있으나
혹시 그대는 그림자 잊고

유령처럼 살고 있지 않았는지
까닭 모르게 늘 불안하지 않았는지

숨을 거둘 때까지 내일인 오늘

아침에 눈뜨고
일하면 먹고
먹으면 일하고
저녁엔 만나고 헤어지고
헤어지고 만나고
슬프면 눈물을 감추고
기쁘면 웃음을 숨기고
밤 깊으면 자고
자면 꿈꾸고
꿈꾸다 깨면
달 지고 해 뜨고
해 뜨면
어제는 오늘
오늘은 늘 어제 같은 내일
용기 내어 잡으려
움켜쥐려 애쓸수록
오늘은 손가락 사이로 빠져나가지
별이었던 물처럼

떠나간 사랑처럼
꿈꾸는 그림자처럼

시간의 나이

지구의 나이 46억 년이라지만
바람의 나이는 더 되고
빛의 나이는 더 오래되었다
빛보다 많이 나이 먹은 건 시간뿐
빛보다 빠르고
빛보다 오래 가고
빛보다 위대한 시간
시간은 운명을 만들고
운명은 사람을 만들고
사람은 오늘을 만든다

정처 없고 의미 없고 보이지 않는
시간의 푸르고 검은 속
시간이 펼쳐 놓은 어느 한 공간에서
시간의 나이를 어찌 가늠하나 고민하다
조울증에 걸려버린 한 사내가
문득,
시간을 정한 건 사람

내가 없어지면 시간도,
나이도 없어지겠지
하여,
큰 다리 난간에 기대어
무정하게 흘러가는 깊고 푸른 바다를 내려보다가
내 시간은 아무 의미 없는데
시간의 시간은 늘 지금, 여기에 있잖아
사람만 시간을 따졌군
하며,
신발을 벗어 난간에 올려놓고는
맨발로 뚜벅뚜벅 걸어간다,
시간이 펼치는
새 길을 따라서

홀로 사는 집

호수 같은 바다 건너
붉은 해 걸친 산마루 너머
낮게 엎드린 내 집은
빈 채로
집 떠난 처자식 기다리다 지쳐
시퍼런 노을에 물들고 있겠다

늘 쓰다듬어주어도
집이 서럽고 외로운 까닭은
늘 보듬어주어야 할 가족을
도시로 떠나보낸 탓이 아니다
홀로 사는 집에는 그만한 사정이 있는 법
아들이었다가
준비 없이 남편이 되고
아버지가 된 중년이
낯설고 서툴고 못난 탓
다시 세월을 되돌린다고
사람 노릇 제대로 할까

>

검은 갈매기도 울며 제 집을 찾는구나
툭툭 털고 일어나야지
저나 나나 홀로 사는 처지
가서 불을 밝혀야지
밥 짓고
창가에 앉으면
달빛 희미한 빈 마당에
귀에 익은 인기척 어른거리고
그리운 살냄새 얼핏 풍겨오려나
밤바람 소리 흉내 잘 내는 빈집
흐느낌 잦아들려나

아직도 팔팔

임 찾는 뻐꾸기 연이어 울고
붉은 앵두 임 기다리다 절로 떨어진다
만년설 쌓인 백발 한 올 한 올이
평생 이고 다닌 집만 같다
등은 시집오던 날
마을 어귀처럼 미련 없이 휘어지고
성미 급한 팔은 땅에 닿을 듯 말 듯
잘 구부러지지 않는 두 다리가
그나마 전 재산
군데군데 묘비처럼 꽂혀 있는 이가
그나마 남은 복이다

집으로 돌아가는 길이
걸을수록 멀어지면
명이 다한 거라는 농담이 오히려 반갑다
잠시 쉬어갈 자리도 없는 이 황톳길이
갈수록 희미해지는 나날이어서
오늘밤 그만 눈 감고

내일 다시 눈뜨지 않더라도
원수 같은 남편 챙기고
소식 한 자 없는 자식새끼들 먹이면서
울며 짜며 걷던 이 길을 어찌 잊을까
여든여덟을 살리고
주름에 아로새긴 이 길
쇠심줄보다 질긴 이 내 인생길을
죽어서는 잊을까
어째야 잊을까

생활의 맛

일요일 아침
아무도 없는 집이 가여워
신김치를 꺼내 야무지게 썬다
멸치 몇 마리
마늘 두 톨 찧고
고추랑 파 총총 썰어
뚝배기에 넣고 끓이다가
사진을 찍어두고
전화를 건다

당신, 잘 지내니?
나도 잘 지내.
오늘 뭐해?
응, 나도 놀러가.
응, 혼자 잘 지내고 있어.
김치찌개도 잘 끓였어.
밥? 하는 중이야.
알았어, 다음 일요일에……

\>

보글보글 끓는

김치찌개를 한참 바라보다

애끓는 마음을 달래며 간을 본다

밥을 퍼서

함께 상에 올리면

시큼하고 맵싸한

생활의 맛

반찬 따로 필요 없는

나 홀로 김치찌개 백반

사냥하는 요리사

신선한 재료를 맛있게 요리해서
사랑하는 이들과 함께 먹는 순간이
가장 행복하다는 그는
새벽에 제일 먼저 일어나
잠든 식구들을 둘러보고
활을 메고 숲으로 들어간다
숲이 까다롭게 굴긴 하지만
한나절쯤 돌아다니면
꿩이나 토끼 한 마리쯤 내주기 마련인데
하루 종일 공치는 날엔
조개목걸이를 풀어
숲가 정육점에 들르는 수밖에
해거름에 고기 메고 동굴로 돌아오면
모닥불은 벌써 빨갛게 타고 있고
아이들이 소리 지르며 둥글게 춤을 춘다
처자식이 들에서 캐고 따온 뿌리와 열매로
배를 채우면서
지글지글 고기 구우면

연기 마신 하늘은 벌써 배가 부르다
둥근 달 아래서
아이들 배를 둥글게 만드는 기적처럼
행복한 일이 어디 있으랴
배불리 먹이기에
고기는 늘 부족하지만
맛 보기엔 늘 충분하다고
서로 위로하는 밤이 짙어
아이들 눈동자처럼 별이 반짝거리니
내일은 사슴 한 마리쯤 거뜬히 잡아오겠다

떡잎에게

겨우내 언 땅에서 얼마나 두려웠니
온 세상 홀로
빛마저 빨아들이는 블랙홀 같은 껍질이
마지막 숨까지 죄어들 때
차라리 숨 끊어지기를 바라지 않았니
절망의 무게에 눌리고 눌려
더는 작아질 수 없는 희망조차 사라지려 할 때
죽음을 무릅쓰고 쏘아올린 힘 한 줄기로
껍질을 쩍 갈라버린
네 용기가 오히려 무섭진 않았니

날카롭고 딱딱한 흙 틈으로
연약한 실뿌리를 내밀 때마다
긁히고 찢겨가면서
상처를 몸에 새기는 고통이 삶이고
삶이 상처의 흔적이라는 냉정한 자연의 이치를
그 여린 마음으로 어찌 받아들이고 새겼는지

인색한 흙의 젖을 빨며
어딘지 알 수 없는 지상을 향해
있는 힘 다해 떡잎 밀어 올릴 때
켜켜이 쌓인 절망보다
더 모진 절망을 부르는 고독에
무릎 꿇고 싶은 유혹을 어찌 이겨냈는지

껍질 고깔 비뚤게 쓴 네가
세상에 나온 날,
두 팔 벌려 기지개켜던 날도
세상 모두 바쁜 척했지
마음 주고 정 주기에
너는 너무 약해 보였어
삶은 기적처럼 오지만
산다는 건
일상적인 죽음의 문턱을 밟고서
내일이라는 공포와 싸워 이겨내는 일이거든

세상에 널린 푸름이
네게는 인색하여 원망스럽더라도
살아내고,
살아남는 일에 익숙해지길 바랄게
빛살과 빗살,
벌과 나비가
네 용기 알아보고
네 이름 불러주는 날까지

아내는 다람쥐

길고 가는 손으로
껍질 딱딱한 밤을 까먹으며
까만 눈을 반짝거리는 아내는
전생에 다람쥐였나보다

여기저기 밤나무 널려 있지만
내 것 아닌 시골에 살면서
서울토박이 아내는 봄마다
밤나무 심자, 심자 노래를 불렀다
어느 세월에 주렁주렁 밤 열리는
커다란 밤나무 세울까,
그냥 마음에 한 그루 심고 살자
달래고 달래던 남편이
어린 자식 허리춤에도 못 미치는
밤나무 묘목 한 뿌리
볕도 안 드는 뒤뜰에 심은 날부터
아내의 믿음은 식었나보다

길고 외로워 더욱 추운 시골의 겨울 나날들
몸도 벌이도 부실하여
늘 모로 눕는 남편 뒤에서
산에서 주워 모은 밤을 까먹이며
자식 키우는 세월 동안
아내의 침묵은 밤나무 그늘처럼
짙고 길어져 갔다

남편이 못 보는 사이에
지붕 위로 훌쩍 솟은 밤나무에서
절로 밤이 벌어지는 가을이면
아내는 홀로 밤송이 가시에
가시 같은 손을 찔리며
밤을 줍고 또 주웠다
고소하고 달콤한 순간들은
딱딱한 껍질에 싸여 있는 줄,
부지런 떨지 않으면
남아 있는 인생의 길고 더딘 겨울날을

따뜻하게 날 수 없는 줄
여전히 모르는 세상충이 남편을
원망할 틈도 없었다
코앞에 겨울은 닥쳤고
하루가 다르게
하루해가 짧고 짧아졌으므로

내가 아는 나는 누구인가

백년도 못 사는 인생
절반을 넘어
쉰
음식이 오래되면 쉬기 마련이듯
아무리 향수를 뿌려도 몸에서 쉰내가 난다
노안이 찾아와 눈이 침침해지고
욕심에 끌려 피부가 늘어지고
조금 먹어도 불룩 솟는 배를 보면
추함에 익숙해질 때도 되었다

사람 노릇 한번 해보라고
하늘이 낳아주고 땅이 길러준 몸으로
아등바등 살아온 날보다
살아갈 날이 오히려 모질어 보인다
홀대받고 쫓기면서도
쉰에 천명을 알았다는 공자가 부러운 건
가진 것과 가져야 할 것의 긴 목록과
잃은 것과 잃지 말았어야 한 것에 대한 미련에게

깔끔하게 이별을 말하는 법을 알아내지 못하거나
작별을 말할 용기를 내지 못하는 까닭이다

산다는 것의 의미도 잊은 채
살아남기 위해 발버둥친 세월로
오십 년은 충분하지 않은가
이리저리 긁어모아 세운 집과
집안의 잡동사니와
명함에 새긴 이름이
점점 낡고 낯설어진다
실바람에도 고집을 아낌없이 날려 보내는 가을나무처럼
하류에서 욕심을 죄다 버리는 강물처럼은 아니더라도
마음의 절반만이라도 비워낼 수 있다면
쉰내도 절반쯤 줄고
줄인 만큼 사람다운 맛이 나리니

그까짓 인생

슬픔이 수면을 덮을 때
달빛은 파도 위에서 한층 빛나고
기쁨이 그늘에서 식어갈 때
햇빛은 태초인 듯 대지를 달구나니

까짓 거,
그까짓 인생

마음은 때도 없이 오가니
마음보다 한 박자 느리거나 느긋하게
세상을 걸어갈 것
그리고 자주 박자를 잊을 것

해설

누가 혁명을 소비하는가
— 시를 쓸 때는 작은 생선 굽듯 조심하라

박정대(시인)

 바람이 분다, 낙엽들이 흔들린다. 바람이 분다, 낙엽들은 흔들린다. 바람이 불지 않는다, 그래도 가을의 이파리들은 흔들린다. 황건적의 깃발 같은 은행잎, 눈처럼 내린다. 눈이 내리면 가야 할 곳이 있다. 거제 남부면 저구리, 내 친구가 사는 곳. 뒷마당에 떨어진 은행잎들을 누군가 쓸어 모아 커다란 부대자루 안에 담아놓았다. 뒷마당을 산책할 때면 바라보게 되는 환한 부대자루. 이진우의 세 번째 시집 『보통 씨의 특권』은 부대자루 안에 담긴 환한 은행잎을 떠올리게 한다. 남해 바다의 맑은 파도를 떠올리게 한다.

 햇살 환한 우체국 앞에서 나는 지금 이 글을 쓰고 있다. 여기는 세계 최초의 가로수 길이 있는 이스파한의 동네 우체국 앞이다. 바람이 불자 온갖 가로수 열매들이 햇살에 빛난다. 작은 사과를 앵광이라고 한다. 작은 자두는 앵두라고 한다. 노가리는 물론 앵치! 입동이 지나가는데 아직도 모기들이 앵앵거린다. '앵'은 우리말로 '작다'라는 뜻을 가진 접두사다. 우체국 뒤뜰의 은행나무가 제대로 노오랗게 물들었다. 노오란 은행잎을 본다. 은행잎이 너무 환하고 밝아서 '노오랗다'라는 말로는 형언할 수가 없다. 그럴 때 나는 '앵앵거린다'라는 표현이 쓰고 싶어진다. 오늘따라 환장하게 앵앵거리는 은행잎들이다. 지금쯤이면 남부면 저구리에도 은행잎들 바람에 흔들리며 앵앵거리고 있겠다. 이런 의미에서 이진우의 이번 시집은 앵앵거린다. 나는 그의 앵앵거림이 너무나 반갑고 좋다. 그러니, 아래에 이어지는 글은 이진우의 앵앵에 반응하는 박정대의 앵앵 정도로 읽어주시길, 앵?

*

  이진우의 시를 읽다보면 지구는 자본주의의 대낮을 지나 우주의 품속으로 들고 낡고 오래된 이 행성으로는 소박한 저녁이 온다. 그렇게 아주 천천히 '별처럼 빛나는 인생'은 온다.

    깊은 밤,
    카시오페이아를 찾아 논둑을 거닐다가
    별똥별을 보았다

저 별이 떨어지면 한 생명이 태어나는가
아니면 한 생명이 져서
별이 되어 하늘로 날아오르는 것인가

은하에 천억 개의 별이 빛나고
온 우주에 은하가 천억 개 있다니
사람이 죽으면 별이 된다는 말,
틀리지 않나 보다

그 많은 사람들이
별에서 와서
빛나는 마음에 별 하나씩 품고 살다가
별로 돌아가는 게 인생이라면
근사하지 않은가
　　　　　　　　　—「별처럼 빛나는 인생」 부분

　이진우의 세 번째 시집을 여러 번 통독하지만 아직도 이 시집을 어떻게 말해야 할지 잘 모르겠다. 어느 시인의 신작 시집을 대하고 그 시집에 대한 느낌을 갖는 것은 독자들 고유의 권리이므로 아무리 시집 뒤에 붙이는 글이라 해도 어떤 이정표도 붙여서는 안 되리라. 시집에 대한 산경표를 만들어나가는 것은 오롯이 독자들의 몫일 테니까. 나는 그저 이진우의 시집을 읽으며 느꼈던 나의 감상 몇 구절을 이 시집의 뒤편에 부기할 뿐이다. 자본주의적 삶을 살면서 자본주의에 저항(?)한다는 것은 결코 쉬운 일이 아니다. 이미 모든 시스템이 자본주의화 된 세계에서 자생적 빨치산처럼 산다는 것은 어쩌면 작금의 현실에서는 상징적으로도 거의 불가능한 일이 되어버렸다. 많은 혁명가와 이상주의자들이 자본주의적 삶을 벗어나 단순하고 행복한 삶을 추구했지만 그것은 보통의 인내와 용기로는 이룰 수 없는 요원한 꿈에 가깝다. 이진우는 어쩌면 자본주의화 된 현실 속에서도 여전히 이상적 삶을 꿈꾸는 견인주의자인지도 모른다. 이상적 삶에 대한 꿈을 버리지 않는 한 그는 끊임없이 현실에 대한 불만을 토로하지 않을 수 없다. 현실에 대한 끝없는 불평불만과 조롱과 냉담이 어쩌면 이진우의 시를 끌고 가는 추동력일 것이다. 이 땅에서 글을 쓰며 살아간다는 것은 이토록 힘들고 요원한 일이다. 내 주변에는 안일한 삶을 포기하고(혹은 자발적으로 이탈하여) 힘들게 작가의 삶을 살아가는 친구들이 있다. 가끔은 그들이 안쓰럽게 느껴지다가 또 가끔은 정말 존경하는 마음으로 그들을 바라보게 된다. 자본주의에 저항하는 방법은 어쩌면 지극히 단순할지도 모른다. 자본의 시스템으로부터 벗어나는 것. 즉, 자본주의 체제하에서 생산과 소비를 그치는 것. 시스템을 벗어나 스스로 생산하고 자신이 생산한 것만 소비하는 것. 그것이 괴물 같은 자본주의로부터 벗어나는 유일한 방법이다. 이 글을 읽는 그대들에게 지금 묻겠다. 그대는 자본주의에서 벗어날 수 있는가? 만약에 방법이 보이지 않는다면 일단 통영으로 가라, 그리고 시외버스를 타고 저구리로 가라. 그리고 저구리에게 물어보라.

*

"시를 쓸 때는 작은 생선 굽듯 조심하라"(「노자의 시창작 강의」)

작은 생선을 굽는 저녁이 왔다. 어디에선가 고양이들은 발소리를 죽이며 돌아오고 굴뚝에서는 밥 짓는 저녁연기가 피어오른다. 작은 생선을 굽는 저녁은 생선만큼이나 작고 이런 날 우주는 숯불 속 바알갛게 타오르는 불꽃 속에 미리내를 감춰두기도 한다. 또 이런 날 "11차원 우주"(「행성 E2015」) 속에서 그대는 어떤 삶을 살고 있을까. 평행우주의 삶 속에서는 지금 그대 눈앞에 보이는 삶이 전부가 아닐진대, 그대는 또 초저녁 다이아몬드별을 보며 어떤 음악을 듣고 있는지. 양자역학에 의하면 우주의 양 끝에 있어도 사랑하는 것들은 서로 연결되어 있다는데 우주의 아주 먼 곳에 있어 우리 끝내 당도할 수도 끝내 알아볼 수도 없는 것을 우리는 과연 어떻게 사랑할 수 있을까? 그럼에도 불구하고 시인은 우주 끝에 있는 사랑을 느끼는 자이다. 그럴 수 있기 때문에 시인인 것이다.

어떤 시인의 시적 상상력이 우주적 차원으로 확대될 때 지구라는 작은 행성 위에서의 삶은 티끌처럼 보잘것없고 허무하게 느껴지기도 한다. 그러나 삶은 계속되고 티끌의 시간 위에서도 인간은 온몸으로 사랑을 하고, 온몸으로 삶을 밀고 나간다. 허무의 백척간두 위에서도 인간은 삶이라는 하나의 상징을 완성하기 위하여 최선을 다한다. 그것이 인간의 위대함일 것이다. 이 글을 쓰고 있는 오늘은 바야흐로 입동이다. 겨울의 시작, 아마 나는 먼 전생에 겨울이면 동굴을 찾아가 기나긴 겨울잠을 청하던 한 마리 외로운 짐승이었나 보다. '입동'이라는 말을 들으면 '동'이라는 말에서 나는 항상 '동굴'을 떠올린다. 그래서 '입동'은 나에게 언제나 '立冬'이 아니라 '入洞'인 것이다. 우체국 뒷마당 한구석에 누군가 은행잎들을 쓸어 모아 부대자루에 담아놓았다. 부대자부에 담긴 은행잎들, 그게 바로 시다.

시를 쓸 때는 작은 생선 굽듯 조심하라.

플라톤은 동굴의 비유를 통해 우리가 보고 있는 것은 이데아가 아니라 한낱 동굴 벽에 비친 그림자라는 환영에 지나지 않음을 말한다. 우리는 여전히 컴컴한 동굴 속에 앉아 동굴 밖 진실한 이데아를 보지 못하고 있다는 것이다. 그렇다면 컴컴한 동굴 속에 웅크리고 앉아 이데아의 실체를 보는 방법은 무엇일까. 이진우는 자본주의적 현실이라는 컴컴한 동굴 속에서 타인과의

관계로 인해 형성된 객관적, 사회적 자아를 들여다봄으로써 자신의 실체에 접근하려고 한다. 사실 장자(莊子)의 말처럼, 달팽이의 뿔 위에서 무엇인가를 조금이라도 더 차지해보겠다고 아웅다웅 싸우는 인간들을 보면 그 모든 부질없음에서 벗어나 인간이 없는 곳에서 한 시절 고요히 늙어가고 싶어진다. 마치 로맹 가리의 소설『새들은 페루에 가서 죽다』의 자크 레니에처럼 말이다. 그런 까닭으로 이진우는 어느 순간 서울에서의 환멸스러운 삶을 접고 고향 통영 근처의 거제 남부면 저구리로 스며들듯 자발적 유배를 선택했는지도 모른다. 저간의 자세한 사정이야 알 도리가 없으나 현실에 대한 환멸이 그의 선택을 부추겼으리라. 그러나 이번 시집을 꼼꼼히 읽다보면 그의 시들은 아름다운 자연 속에서의 음풍농월과는 아주 거리가 멀다. 자본주의의 심장인 서울에서 거리상으로 아주 멀리 떨어져 있지만, 오히려 서울에 사는 사람보다 더 예민하고 섬세하게 자본주의의 어두운 면과 그것을 교묘히 악용하는 정치체제에 대한 비판을 서슴없이 쏟아내고 있기 때문이다.

시를 쓸 때는 작은 생선 굽듯 조심하라.

이진우를 충무로 대한극장 뒤편에서 만난 적이 있다. 뒷골목의 허름한 술집에 들어가 우리는 이런저런 얘기를 한다. 물론 동대문이나 남대문시장 뒷골목의 생선 굽는 술집은 아니지만 우리는 이미 마음속으로 이리저리 생선을 뒤집으며 정담을 나눈다. 술이 좀 오르자 우리는 술집 문을 열고 나와 처마끝에서 담배를 피운다, 마치 추리닝 바람의 동네 형들처럼. 이럴 때 이진우는 여행자 같다. 그의 외투 깃에서는 세계의 온갖 뒷골목을 떠돌며 묻혀온 바람 냄새가 난다. 나도 살면서 참 여러 곳을 여행했지만 어느 여행지에 당도해 처음으로 그곳의 공기를 폐부 깊숙이 들이마실 때의 느낌과 감정을 여전히 간직하고 있다. 세상의 그 어느 곳에도 사람은 산다. '여기'가 아닌 '거기'가 '여기'와 다른 점은 공기의 성분이 미세하게 조금씩 다르다는 것이다. 그 공기의 성분을 이루는 것이 바로 그곳의 문화와 삶일 터이다. 그러니까 여행이란 '지금, 여기'와는 다른 공기의 성분을 찾아가는 일이라고 해도 무방할 것이다. 아마 여행의 상상력을 우주로 확내시켜도 마찬가지일 것이다. 난 꿈속에서 여러 번 우주여행을 했는데 결국 그곳의 매력도 그곳을 이루는 성분이 나에게 일으키는 화학적이고 미묘한 감정 때문이었다고 기억한다. 이진우의 이번 시집에는 「이스파한의 아침」과 「겨울 인도」라는 시가 있다. 여행을 워낙 좋아하는 나로서는 시집 전체에 그런 시가 두 편밖에 없다는 게 몹시 아쉬웠지만 진정한 시인은 시를 발표할 때 "작은 생선 굽듯 조심"하므로 그의 결정을 이해한다.

  시를 쓸 때는 작은 생선 굽듯 조심하라.

테헤란에서 비행기를 타고 거의 두 시간을 비행해 이스파한에 닿는다. 비행기 트랩을 내려오자 이스파한 공항은 이미 눈부신 햇살에 점령되어 있다. 세계의 절반이라는 이스파한, 그 이스파한의 절반이라는 이맘 광장을 꿈꾸며 나는 이곳에 당도했다. 이맘 광장, 나는 속으로 조용히 발음해본다. 이맘 이맘 심장이 뛰는 소리가 들린다. 세상의 숱한 인연들로 나는 여전히 세상의 변방을 떠돌겠지만 이스파한의 햇살 속에서는 나를 이곳으로 이끈 인연에 그저 감사할 뿐이다. 이스파한의 햇살 속에서는 모든 게 춤춘다. 나무와 풀들이며 그들을 기르는 대지며 바람이며 바람에 너풀거리는 여인들의 히잡이며 차도르며 육체까지도. 테헤란이 분지에 형성된 도시라면 이스파한도 분지에 형성된 도시다. 이슬람의 수도로 선정된 유구한 역사의 이스파한은 정말 아름답게 디자인된 도시다. 나는 이스파한의 이맘 광장에서 아름다움이 주는 극도의 허무를 맛보았다. 그 감정을 참을 수 없어 이맘 광장 근처의 지하 물담배 카페에서 지인들과 물담배를 피워 올리며 '이스파한 물담배 동맹'을 결성했는지도 모른다. 나와는 다른 감정과 시각에서 이진우는 '이스파한의 아침'을 노래한다.

    헐렁한 옷을 입고
    이스파한 뒷골목 볕 잘 드는 카페로 가서
    장미향 물담배를 피웠지

옆자리엔 아라비아에서 왔다는 베두인이 앉았고
모스크에서 예배를 마친 무슬림들이 천천히 골목으로 흘러나갔어
탁자에는 잘 익은 석류가 있었는데
인사를 잘하는 호비호비가 태연하게 쪼고 있더군
얇고 긴 작대기를 든 경찰이 와서
시비조로 여권을 보여 달라기에 아무 말 하지 않았어
슬그머니 사라진 베두인 자리에
눈이 큰 아이가 와서 앉더니만
다짜고짜 일 달러를 달라기에 아무 말 하지 않았어
금발머리 서양인이 다가와
물담배 연기 길게 내뿜는 모습을 찍고 싶다기에
여권과 일 딜러를 주면 그러겠다 했지
서양인은 사진만 찍고 달아나버렸어
경찰이 고함을 치며 쫓아가기 시작했고
아이도 소리 지르며 쫓아갔어
수천 년 동안 이스파한의 햇살이 잘 깎아놓은 골목길은
사방으로 뚫려 미로처럼 복잡해
사람 사는 길이 그렇듯
자세히 보지 않으면 그 길이 그 길이야

카메라를 든 동양인이 다가와

석류를 쪼는 호비호비를 찍어도 되겠냐고 물었고
　　처음 보는 베두인이 어린 아들을 데리고 와서 앉았어
　　어깨에 작대기를 걸친 경찰이 느릿느릿 다가왔어
　　세계의 절반이라는 이스파한이니까
　　앞으로 어떤 일이 벌어질지 모르겠어
　　미로처럼 복잡한 생각을 다 잊자고 찾아온
　　이스파한의 아침이니까
　　알 수 없는 일이 자꾸 벌어져도
　　그냥 받아들이려고 해
　　나 따윈 잊으려고 해
　　　　　　　　　　　　　—「이스파한의 아침」 전문

　"미로처럼 복잡한 생각을 다 잊자고 찾아온/이스파한의 아침"에서도 시인은 자본주의로부터 자유롭지 못하다. 어쩌다가 이렇게 철저하게 자본주의적 시스템은 시인의 골수까지 지배하게 되었나. 이진우 시인을 이스파한으로까지 가게 만든 곪을 대로 곪아 썩어버린 자본주의의 망령은 세계의 절반이라고 불리는 아름다운 도시 '이스파한'까지 따라와 시인의 무의식을 괴롭힌다. 자본주의의 그림자는 참으로 집요하고도 끈질기다. 여기에서부터 이진우의 시는 출발한다. 그는 시를 통해 자본주의와 맞서는 법, 자본주의를 극복하는 법, 자본주의와는 무관하게 삶을 살아가는 방법을 모색한다. 이번 시집은 한마디로 '자본주의와의 치열한 한판 싸움의 기록'이다. 싸움의 기록인데도 불구하고 그의 시들은 아름답다. 그래서 문득 나는 생각해본다. 이렇게 아름다운 시들로 과연 저 괴물 같은 자본주의에 맞설 수 있을까.

시를 쓸 때는 작은 생선 굽듯 조심하라.

나는 이스파한이 좋고 인도가 좋다(누군가는 정선을 대한민국의 인도라 하더라.). 통영이 좋고 남부면 저구리가 좋다. 멧돼지 아홉 마리, 그렇게 멧돼지가 많았다는 저구리에는 내 친구 이진우가 산다. 그는 경상남도 통영 태생이다. 나는 그의 고향도 마음에 든다. 무엇 때문인지는 알 수 없으나 나는 '통영'에 대한 개인적인 환상을 가지고 있다. 백석의 시 '통영'을 접하기 이전부터 '통영'은 통, 영 잊히지 않는 도시다. 천희(千姬)가 많았다는 통영에서 다리 하나를 건너면 이진우가 사는 저구리로 갈 수 있다. 이 글을 읽고 있는 그대여, 이리로도 저리로도 갈 수 없을 때 저구리로 가라. 거기엔 이진우의 다사로운 마음과 넉넉한 웃음이 있다. 차가운 회 한 접시와 맑은 소주 한잔, 따스한 국밥 한 그릇과 그리운 불빛을 매단 '이진우라는 이름의 따스한 집 한 채'가 있다. 한 마리의 고독처럼 말이다.

시를 쓸 때는 작은 생선 굽듯 조심하라.

이진우는 철학과를 나왔다. 무슨 쇠를 연구하는 학과가 아니다. 말 그대로 철학(Philosophy)이다. 그래서 그런지 이번 시집에서는 철학적 사유가 돋보이는 시들이 있다. 「도덕경」 「에피큐로스 행복론」 「소크라테스의 충고」 「화성인 철학자」 「모두의 철학」 「중용의 온도」 「소크라테스의 영혼」 「노자의 시창작 강의」 등. 대충 제목만 보고 뽑아 보아도 그렇다. '이진우의 철학 시편'이라 불러도 무방할 이 작품들은 종교철학적인 시를 썼던 폴 클로델보다는 정치철학적인 시를 썼던 폴 엘뤼아르에 가깝다. 서울이라는 거대 도시를 벗어난 시인은 외려 우주의 본질에 대하여 깊게 생각하기 시작한다. 그리고 거친 자연 속에서 생활하면서 '천지불인(天地不仁)'이라는 노자의 말도 실감한 듯하다. 일전에 이진우 시인이 생활의 터전으로 삼은 저구리를 방문한 적이 있었다. 아마 통영에 갔다가 충동적으로 이진우 시인에게 전화를 하고 밤늦게 저구리를 방문했을 것이다. 귀찮을 만도 한데 밤늦게 나를 마중 나온 그의 얼굴에는 반가움이 서려 있었다. 우리는 그때 캄캄한 바다를 바라보며 맑고 차가운 소주잔을 기울였다. 참으로 여러 가지 이야기를 했을 것이다. 그 다음 날은 그만이 아는 남해 바닷가의 보물 같은 장소들을 안내해주었다. 그때 그는 노자 얘기를 했고, 아마 나는 강아지 '장만옥' 이야기를 했을 것이다. 그리고 좀 시간이 흐른 뒤 그는 자신이 기르는 개 '등려군' 이야기를 해왔다. 장만옥과 등려군이라니, 우리는 중화권의 가장 유명한 배우와 가수를 반려동물로 기르는 시인들인 셈이다. 자고로 시인이란 이 정도는 되어야 하는 것. 갑자기 장만옥과 등려군 이야기를 꺼내는 것은 이번 시집에 개와 관련된 시가 등장하기 때문이다. 인간을 닮아서 슬픈, 자기 종족끼리의 치열한 생존 경쟁에서 밀려난 슬픈 개에 관한 시가 있기 때문이다.

  개새끼들이 알아서 줄을 선다
  개새끼들만 아는 개새끼들의 서열
  제일 크고 우락부락한 개새끼
  눈치 잘 보고 토실한 개새끼
  토실한 놈 눈치 보는 개새끼
  눈치 보는 개새끼를 감시하는 개새끼
  그 뒤에 빌어먹지도 못하고 드러누운 개새끼

  어떤 개새끼에게 밥을 먼저 줄까
  오라, 저 맨 뒤에 비루먹은 개새끼
  힘없는 놈 먼저 먹이는 게 주인의 도리라서
  그 개새끼 앞에만 밥그릇을 놓았더니
  힘센 개새끼들이 으르렁 으르렁거린다
  못난 개새끼 배부르게 먹여놓고
  잘했다고 십자가에 눈도장 찍고
  부처한테 배 내밀었으나

늘 배불렀다가 잠깐 배고팠던 개새끼들이

내내 굶다가 잠깐 배불린 개새끼를 뜯어 먹었으므로

며칠 동안 개새끼들한테 사료 줄 필요 없겠네

긍정적으로 생각하다가

살 뜯겨 뼈만 남은 그 개새끼 이름을 생각해 보았는데

입에서 욕만 기어 나온다

이름도 못 얻은 못난 개새끼

개새끼 같지 않던 개새끼

간도 쓸개도 없는

사람 같던 그 개새끼

─「나는 개에게 줄을 세우지 않았으나」 전문

  과연 저구리의 자연은 시인에게 무엇을 주고 무엇을 앗아갔을까. 서울에서의 물리적 거리만큼이나 시인은 아마 자본주의로부터 그렇게 멀찍감치 떨어져 있고 싶었을 게다. 그러나 시인이 사는 저구리로도 예비군 소집 통지서가 오고 선거 홍보용 책자가 오고 세금 고지서들이 날아올 것이다. 자본주의의 확고한 정보망은 이 나라의 그 어떤 오지라도 결코 놓치는 법이 없으니까. 그러나 자본주의로부터 벗어나는 방법은 의외로 단순하다. 자본주의의 대낮에서, 그 잔인한 시선에서 사라지면 되는 것이다. 우리는 밤중에 배회하고 소멸하면 되니까.

*

　이진우의 시는 인류의 숨통을 조이는 자본주의에 대한 냉담과 작고 소박한 삶에 대한 열정을 보여준다. 이번 시집은 '냉담시'와 '열정시'로 이루어진 시집, "중용의 온도"를 지향하는 시집으로 불러도 좋겠다. 인문학적 성찰을 바탕으로 한 그의 '냉담시'가 괴물 같은 자본주의와의 치열한 싸움의 기록이라면 '열정시'는 자신이 추구하는 것들에 대한 열정의 에피파니를 보여준다. 나는 개인적으로「보통 씨의 특권」,「말만 사는 도시」 등의 '냉담시'와「꽃 텔레비전」,「생활의 맛」 같은 '열정시'가 좋다. 때로는 격렬하게 또 때로는 부드럽게, 이진우 식으로 밀고나가며 상반된 가치의 틈 사이로 무한천공의 우주를 보여주는 그의 시들은 『오셀로』에 나오는, "아름다운 것은 추한 것이고, 추한 것은 아름다운 것이다"라는 마녀의 역설적인 말을 떠올리게 한다. "양심적인 자본주의자 보통 씨"를 풍자의 대상으로 삼은 이번 시집은 시의 행간 곳곳에 예리한 역설을 품고 있는 시집이다. 행간의 뒷골목을 헤매다가 행복해져서 감정의 행방불명을 겪는 것은 아마 이 시집을 읽는 그대들의 "특권"이리라. 이진우의 시를 읽다가 생각하는 것 한 가지, 인간의 '꿈꿀 권리'가 삶 위에 놓이는 그런 시절이 어서 오기를. 왜냐하면 삶이란 심각하게 받아들이기엔 너무나 중요한 것이니까. 그러니 그대 물끄러미 자기 앞에 놓인 생을 바라볼 때, 이진우 식으로 이렇게 위로할 수밖에.

슬픔이 수면을 덮을 때

달빛은 파도 위에서 한층 빛나고

기쁨이 그늘에서 식어갈 때

햇빛은 태초인 듯 대지를 달구나니

까짓 거,

그까짓 인생

마음은 때도 없이 오가니

마음보다 한 박자 느리거나 느긋하게

세상을 걸어갈 것

그리고 자주 박자를 잊을 것

―「그까짓 인생」 전문

"남의 가난은 나의 것"이라고 말하는 그에게 마지막으로 나는 닐 영의 노래 〈Heart of Gold〉나 들려주고 싶다. 그러면 그는 웃으며 이렇게 말하리라. "우리가 혁명인데, 누가 혁명을 소비하는가?" 이 세계의 그 누구도 우리를 소비할 수는 없다. 우리는 이스파한 물담배 동맹, 밤중에 배회하고 소멸하니까. 그렇지 않소? 닐 영은 말해보시오, 앵?

이 도서의 국립중앙도서관 출판시도서목록(CIP)은 서지정보유통지원시스템 홈페이지(http://seoji.nl.go.kr)와 국가자료공동목록시스템(http://www.nl.go.kr/kolisnet)에서 이용하실 수 있습니다. (CIP제어번호: CIP2015000875)

시인동네 시인선 020

보통 씨의 특권

ⓒ 이진우

초판 1쇄 인쇄　2015년 1월 13일
초판 1쇄 발행　2015년 1월 20일
　　지은이　이진우
　　펴낸이　김석봉
　　책임편집　이현호
　　디자인　조동욱
　　펴낸곳　문학의전당
　　출판등록　제311-2012-000043호
　　　주소　서울시 은평구 연서로11길 7-5 401호
　　편집실　서울시 마포구 마포대로 127, 413호(공덕동, 풍림VIP빌딩)
　　　전화　02-852-1977
　　　팩스　02-852-1978
　　　블로그　http://blog.naver.com/mhjd2003
　　전자우편　sbpoem@naver.com

　　ISBN　979-11-86091-08-1　03810

* 이 책의 판권은 지은이와 문학의전당에 있습니다.
* 양측의 서면 동의 없는 무단 전재 및 복제를 금합니다.
* 잘못 만들어진 책은 바꿔드립니다.